Gisela Hüsten
Irene Gruber
Regina Winkler-Menzel

Hilfreiche Rituale im Grundschulalltag

Erprobte Ideen und praktische Tipps, Klasse 1 – 4

Oldenbourg

Oldenbourg PRAXIS Bibliothek 254

Bibliografische Information Der Deutschen Nationalbibliothek
Die Deutsche Nationalbibliothek verzeichnet diese Publikation in der Deutschen
Nationalbibliografie; detaillierte bibliografische Daten sind im Internet
über http://dnb.d-nb.de abrufbar.

Das Papier ist aus chlorfrei gebleichtem Zellstoff hergestellt, ist säurefrei und recyclingfähig.

© 2000 Oldenbourg Schulbuchverlag GmbH, München, Düsseldorf, Stuttgart
www.oldenbourg-bsv.de

2. überarbeitete und erweiterte Auflage 2007 R06

Druck 11   10   09   08   07
Die letzte Zahl bezeichnet das Jahr des Drucks.

Umschlagkonzept: Mendell & Oberer, München
Umschlaggestaltung und -illustration: Lutz Siebert-Wendt, München
Lektorat: Antje Glimmann, Rheda-Wiedenbrück
Moderation: Bruno Stieren
Illustrationen: Uta Fischer, München
Herstellung: Daniela Birnböck
Satz: Greipel-Offset, Haag/Obb.
Druck und Bindung: Schneider Druck GmbH, Rothenburg ob der Tauber

ISBN 978-3-486-**00413**-7
ISBN 978-3-637-**00413**-9 (ab 1.1. 2009)

Inhaltsverzeichnis

1. Alltagsrituale

1.1 Wir beginnen den Unterrichtstag

1.2 Wir sprechen miteinander

1.3 Wir arbeiten miteinander

1.4 Wir reflektieren und evaluieren den Lernprozess

6

1.5 Wir beenden die Arbeit

1.6 Leistungen der Kinder wahrnehmen und würdigen

1.7 Wir bewegen und erholen uns

2. Gemeinschaftsrituale

2.1 Wir bilden eine Klassen- und Schulgemeinschaft

3. Bewältigungsrituale

3.1 Wenn mir etwas Angst macht

3.2 Wenn ich wütend bin

3.3 Wenn ich traurig bin

3.4 Wenn ich unsicher bin

Die Autorinnen

Gisela Hüsten, engagierte Grundschullehrerin, Praktikumslehrerin, langjährige Schulleiterin einer großen Grundschule, jetzt Schulrätin im staatlichen Schulamt in der Landeshauptstadt München.

Irene Gruber, Rektorin an einer Grundschule in München, Moderatorin für Schulentwicklung, in der Lehrerfortbildung tätig, Prüfungsbeisitzerin von Lehramtsstudenten. Mitautorin eines Lehrerhandbuches.

Regina Winkler-Menzel, Seminarrektorin im Landkreis Starnberg, in der Lehrerfortbildung tätig, betraut mit der Ausbildung von Referendaren und Lehramtsstudenten. Mitautorin an einer Schulbuchreihe.

Auf Grund der Tatsache, dass in der Grundschule überwiegend Frauen unterrichten, und aus Gründen der leichteren Lesbarkeit wird im Buch der Begriff „Lehrerin" verwendet.

Vorwort

Veränderte Familienstrukturen, wachsender Umgang mit elektronischen Medien und eine reizstarke Umwelt prägen das Kindsein. Kleinfamilien, allein erziehende Eltern und beidseitige Berufstätigkeit erfordern durchorganisierte Tagesabläufe, die jedoch oft für das Kind wenig Platz und Ruhe, Schutz und Geborgenheit lassen. Möglichkeiten der Begegnung mit Ritualen und ritualisierten Abläufen, wie zum Beispiel der vertraute Abschiedskuss am Morgen, das gemeinsame Gespräch am Mittagstisch über das Erlebte am Schulvormittag, eine abschließende Gute-Nacht-Geschichte vor dem Einschlafen, nehmen ab oder verlagern sich auf wenige Stunden am Wochenende. Das Bedürfnis der Kinder, sich mitzuteilen, Gefühle auszudrücken, findet zunehmend weniger Beachtung. Dagegen haben Fernsehen und Computer zumeist einen festen Platz als Partner. In der Folge beobachten Lehrerinnen erhöhte Reizbarkeit, Konzentrationsmangel und Verhaltensstörungen. Aggressionen auf dem Schulweg, Streitereien und Konfliktsituationen bis hin zu gewalttätigen Auseinandersetzungen im Schulalltag sind keine Seltenheit mehr und belasten die tägliche Unterrichtsarbeit und das schulische Gemeinschaftsleben.

Es gilt deshalb, bestmögliche Voraussetzungen zu schaffen, Schule als Lern- und Lebensraum positiv zu erfahren, in dem das Kind sich in seiner Persönlichkeit angenommen fühlt, entfalten kann und seinen festen Platz in der Gemeinschaft findet. Mit Hilfe von Ritualen und festgelegten Regeln wird dem Grundschulalltag ein gleichmäßiger Rhythmus gegeben, der den Kindern Halt, Sicherheit und Geborgenheit vermittelt, ihr Wohlbefinden stärkt und ihnen angstfreies, freudvolles Lernen ermöglicht. Darüber hinaus können sich Rituale, sind sie einmal fest instituiert, auf die Arbeit des Lehrers entlastend auswirken. Man kann beruhigt auf die regelmäßig auftretenden, vertrauten Verhaltensregeln zurückgreifen und ist frei für Erziehungsarbeit und Lernprozess.

Ihrer Bedeutung nach sind Rituale bestimmte, gleich bleibende Handlungsabläufe nach festgelegter Ordnung, die, aus dem Lateinischen von „ritualis" kommend, ihren Ursprung in der Ausübung religiöser Bräuche und Zeremonien haben. Auch unser Alltag ist begleitet von regelmäßig wiederkehrenden Ritualen, die den Tageszeiten, den Wochen- und Monatsabläufen einen festen Rhythmus geben. Als bewusst gepflegte Bestandteile in unserem Leben stabilisieren sie in reichem Maße unser persönliches Gleichgewicht und tragen zum Wohlbefinden bei.

Mit ihrer helfenden Kraft nehmen Rituale im Alltag der Grundschulkinder einen beachtlichen Stellenwert ein. Sie geben einen stützenden Ordnungsrahmen für den täglichen Schulablauf und strukturieren den Unterrichtsalltag, vorausgesetzt sie werden sinnvoll eingesetzt. Rituale können nur dann ihre volle Wirkung erzielen, wenn sie Schülern und Lehrern etwas bedeuten. Sie müssen übereinstimmend angenommen und freiwillig praktiziert werden. Daher müssen sie ständig auf ihren sinnbringenden Inhalt überprüft und hinterfragt werden, ob sie noch brauchbar sind und von den Kindern eingehalten und akzeptiert werden. Rituale, die ihre Lebendigkeit verloren haben, weil sie zu automatisierten, sinnentleerten Handlungsweisen geworden sind, sind entweder weiterzuentwickeln oder abzuschaffen. Es muss in jeder Weise ausgeschlossen sein, dass sich mit dem Begriff Ritual negative Assoziationen verbinden, indem Rituale als Instrumente mit manipulierender Wirkung missbraucht werden, um Kinder und Heranwachsende zu disziplinieren und anzupassen und somit die Entwicklung der Persönlichkeit eher behindern und einengen.

Die im vorliegenden Buch dargestellte Sammlung praxiserprobter Beispiele gibt ein breites Angebot, Rituale als pädagogisches Mittel sinnvoll und unterstützend in den Schulalltag des Grundschulkindes zu integrieren und dem Lehrer die Unterrichtsarbeit zu erleichtern.

Rituale als hilfreiche Begleiter des Kindes durch den Unterrichtstag schaffen einen Rahmen für eine anregende Arbeitsatmosphäre und geben Sicherheit im Umgang miteinander. Sie helfen, sich schneller im Schulalltag zu orientieren und zurechtzufinden und schaffen Raum, eigene Fähigkeiten zu entwickeln und sich selbst einzuschätzen. Sie tragen dazu bei, soziale Verhaltensweisen anzubahnen, sich zu vertragen und zu versöhnen. In der Gewöhnung an feste Rhythmen und gleichbleibende Handlungs- und Verhaltensmuster entwickeln sich Gefühle der Ruhe und Geborgenheit, der Verlässlichkeit und Zusammengehörigkeit. Sie können Lernstrategien unterstützen.

Rituale helfen zum einen das Leben innerhalb der Schule zu gestalten, zum anderen geben sie auch Möglichkeiten zu einer konstruktiven Zusammenarbeit zwischen Elternhaus und Schule. Vertraute Gewohnheiten aus dem Familienleben der Kinder in den Schulalltag übernommen, sind ebenso hilfreich wie ritualisierte Abläufe aus der Schule, die zu Hause fortgeführt werden können. Insofern spielen Rituale eine wichtige Rolle bei der Bewältigung von Schulproblemen. Im Zusammenwirken mit den Eltern können Stresssituationen entspannt werden und damit dem Kind der Weg zu stressfreiem Lernen bereitet werden.

Ob beim täglichen Lernen, beim gemeinsamen Spielen und Feiern oder bei der Bewältigung von Konflikten wird mit dem pädagogisch überlegten und sinnvollen Einsatz von Ritualen ein wertvoller Beitrag zu einem freudvollen Miteinander einer Schulgemeinschaft erbracht.

Gisela Hüsten

1. Alltagsrituale

1.1 Wir beginnen den Unterrichtstag

Ziel: Den Anfang strukturieren

Stressfreies Ankommen

Welch ein Durcheinander, verbunden mit Lärm und sich steigernder Unruhe würde am Morgen entstehen, gäbe es nicht bewährte Hilfsmittel, um das Ankommen in der Schule stressfrei zu gestalten. Rituale helfen schon vor Unterrichtsbeginn Streit, Ärger und Enttäuschung zu vermeiden. Unser Ziel ist, den Kindern ein Gefühl der Sicherheit und der Geborgenheit zu vermitteln. Schon die Garderobe kann als Ort der Ruhe und nicht des Kampfes, als Ort der ersten friedlichen Kontaktaufnahme und nicht des Streites, als Ort des Schutzes und nicht des Ausgeliefertseins empfunden werden.

Mein Garderobenplatz

Jedes Kind kann einen festen Platz an der Garderobe bekommen, der durch ein Bild, ein Zeichen oder den Namen gekennzeichnet ist. So findet es vom ersten Schultag an seinen Platz. Schon bei Schulanfängern am zweiten Schultag werden Desorientierung, Vordrängen, Kämpfe und das Suchen eines freien Hakens vermieden. Das Kind hat die Sicherheit, dass es seine Kleidung oder auch den Turnsack dort wiederfindet. Auch Kinder höherer Klassen, die ihre Platzzeichen selbst entwerfen können, empfinden ein geordnetes Garderobenverhalten als wohltuend, da auch hier durch Klarheit und Eindeutigkeit Probleme vermieden werden. (KV 1 s. S. 19)

Die Schuhklammer

Um zu vermeiden, dass Kinder einen Schuh nicht wiederfinden, können sie sowohl die Haus- als auch die Straßenschuhe mit einer Wäscheklammer zusammenhalten. Sie ist mit dem Namen des Kindes versehen und kann verziert sein. So kann das Durcheinander in der Garderobe behoben werden und die Kinder entwickeln einen Sinn für Ordnung.

Die Schultaschenschlange

Die Kinder können ihre Schultaschen hintereinander als „Schultaschenschlange" aufstellen. Sie kann im Alltag dann nützlich sein, wenn Platzprobleme in der Garderobe bestehen oder die Sicherheit der Kinder durch im Wege stehende Schultaschen gefährdet ist.

Der Ordnungsclown

Ordnung in der Garderobe zu halten, fällt nicht schwer, wenn es den Ordnungsclown gibt. Jeden Tag wird ein Puzzleteil des Clowns aufgehängt, wenn sich alle Kinder ordentlich verhalten haben. Am Ende der Woche kann der Clown fertiggestellt sein. Ein Gespräch im Wochenrückblick macht noch einmal bewusst, ob dieses Ritual Erfolg hatte. Die Kinder gewinnen die Einsicht, dass Ordnung gut tut und sie die gewonnene Zeit für wichtigere Dinge nutzen können. (KV 2 s. S. 19, Puzzleteile auf der Rückseite der KV einzeichnen)

Symbolkarten

Um ein angemessenes Verhalten in der Garderobe vor Augen zu haben, können die Kinder zu erarbeiteten Regeln Symbolkarten zeichnen. Sie werden gut sichtbar neben der Garderobe aufgehängt. Diese Regeln können ergänzt, ausgetauscht oder einzeln in den Sitzkreis zur Besprechung mitgebracht werden.

Ziel: In die Gemeinschaft eintreten

Die persönliche Begrüßung

Die Bezugsperson gibt Sicherheit und Geborgenheit. Ein freundliches „Hallo!", „Guten Morgen!", „Wie geht es heute ?" oder ein Händedruck zeigen den Kindern, dass sie gesehen und erwartet werden, dass die Lehrerin sich auf sie freut. Das Bedürfnis, angenommen zu sein, zeigen gleichermaßen die forschen wie die zurückhaltenden Kinder. Über die ersten Sorgen, Nöte und aktuellen Ereignisse können sie beim Betreten des Klassenzimmers schon berichten.

Das Stimmungsbarometer

Kinder, die das Bedürfnis haben, ihre Gefühle mitzuteilen, können das Stimmungsbarometer dazu nutzen. Sie heften ihren Namen unter das entsprechende Symbol. „Mir geht es heute sehr gut", „Ich fühle mich nicht so besonders" oder „Mir geht es schlecht". Die anderen Kinder interessieren sich dafür, fragen nach und fühlen mit.

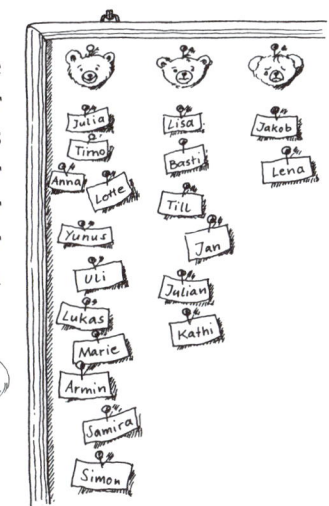

Ziel: Sich auf den Tag vorbereiten

Alles klar!

Zu den ersten Aufgaben der Kinder kann das Herrichten ihres persönlichen Arbeitsplatzes, des Büros, gehören. Damit sich dieser Vorgang automatisiert, sollte er täglich in gleicher Weise durchgeführt werden. Dazu gehört das geöffnete Mäppchen mit den Arbeitswerkzeugen. Gerade unruhige Kinder sind von diesem Ordnungsrahmen abhängig. Zu Beginn der ersten Klasse kann auch die Identifikationsfigur dabei helfen. (KV 3 s. S. 19)

Der Stapel

Am Tischaußenrand können bei Bedarf die erforderlichen Bücher für die Arbeitsvorhaben liegen. Die dazu passende Information erhalten die Kinder über die am Schuljahresanfang von jedem Buch fotokopierten und verkleinerten Folien. Sie können wieder eingesetzt werden, sobald Nachlässigkeiten auftreten oder wenn ein Kind mehr Zeit braucht, um sich einen Ordnungsrahmen zu schaffen. Der Folienstreifen kann dafür am Morgen auch auf der Bank kleben. Gerade für hyperaktive Kinder hat das Einhalten eines Ordnungsrahmens therapeutische Wirkung.

Die Sammelmappe

Damit es den Kindern leichter fällt, Ordnung zu halten, können sie eine Klarsichthülle mit zwei offenen Seiten benützen. Darin stecken Arbeitsblätter, Hilfsmittel zur Ergänzung für die einzelnen Lernbereiche wie z.B. Lesehilfe, Hunderterfeld oder Sachaufgabenrezept.

Die Materialschachtel

Unter dem Tisch oder an einem anderen festgelegten Platz können in einer Schachtel, die z. B. selbst gestaltet ist, Schere, Kleber, zusätzliche Malstifte im Schlampermäppchen, Anspitzer, Würfel, Spielfiguren und alle weiteren ganz persönlichen Hilfsmittel liegen. Bei Bedarf werden sie von den Kindern sofort gefunden und erleichtern den Überblick.

Die Blockhefte

Die Blockhefte für Deutsch und Mathematik können griffbereit unter dem Tisch liegen. Es hat sich bewährt, dazu richtige Hefte zu verwenden, da Blöcke unter ständigem Blätterschwund leiden. Der Verwendungszweck entspricht dem des Blockes, eine schöne Heftgestaltung wird aber erleichtert.

Der Hausaufgabenkorb

Die an der Hausaufgabentafel markierten Aufgaben werden in einen dafür bereitgestellten Ablagekorb gelegt. Gemeinsam zu kontrollierende Hausaufgaben können die Kinder an den Tischrand legen. Es gibt auch die Möglichkeit, sie in farbigen Mappen für die unterschiedlichen Aufgabenbereiche bereitzuhalten.

Die Hausaufgabenampel

Sind alle Hausaufgaben vor 8.00 Uhr abgegeben worden, wird das Namenschild an die grüne Ampel geheftet. Das gelbe Licht kann individuell je nach Absprache seine Bedeutung wechseln. Die rote Farbe bedeutet, dass Hausaufgaben fehlen und eine entsprechende Reaktion zu erwarten ist.

Meine Geheimzahl

Jedes Kind erhält dem Alphabet entsprechend eine Zahl, die es sehr erleichtert, fehlende Hefte oder Hausaufgaben einem Namen zuzuordnen. Jedes schreibt auf alle Hefte und Arbeitsblätter neben seinen Namen auch die Zahl, sodass bei Abgabe sofort eine entsprechende Reihenfolge entsteht. So kann viel Zeit durch unnötiges Suchen gespart werden.

Das Morgenangebot

Um den vielseitigen Interessen der Kinder gerecht zu werden, bieten „Morgenangebote" eine positiv anregende Lernumgebung. Zu allen Themenbereichen bieten sie den Kindern ein breitgefächertes Angebot, um ihr Wissen mit allen Sinnen zu erweitern und ihren Drang nach selbstbestimmtem Tun zu erweitern. In dieser Zeit hat die Lehrerin die Möglichkeit, sich auch besonderen Problemen einzelner Kinder zu widmen. (KV 6 s. S. 21)

KV 1: Namensschilder

KV 2: Ordnungsclown

KV 3: Alles klar!

KV 4: Was kann ich tun?

KV 5: Die Morgenwerkstatt

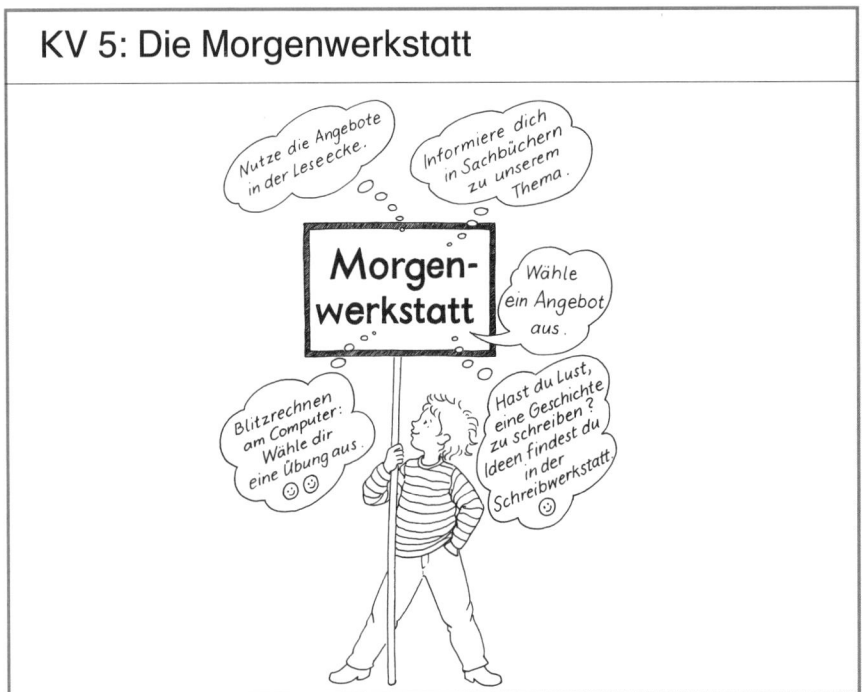

Der Wegweiser

Der Orientierung dient ein Wegweiser mit der Überschrift „Was kann ich tun?". Er kann je nach Bedarf durch Tagesfolien oder Piktogramme ergänzend gestaltet werden. Auch können an jedem Wochentag inhaltliche Schwerpunkte gesetzt werden. (KV 4 s. S. 19)

Ziel: Selbstbestimmt den Schulalltag beginnen

Aufgabenkarten

Es liegen Aufgabenkarten aus. Sie werden von den Kindern ausgewählt und bearbeitet. Sie sammeln in ihrem dafür angelegten Karteikasten die Karten, um einen Überblick über die geleistete Arbeit zu erhalten.

Die Morgenwerkstatt

Vom Beginn der ersten Schulwoche an kann zuerst ein freies Beschäftigungsangebot in der Werkstatt bereitliegen. Die Kinder führen diese Tätigkeit in selbstbestimmter Weise aus. Dabei gewöhnen sie sich an ihre neue Umgebung und die anderen Kinder. In bestimmten Abständen kommen neue Materialangebote dazu. (KV 5 s. oben)

20

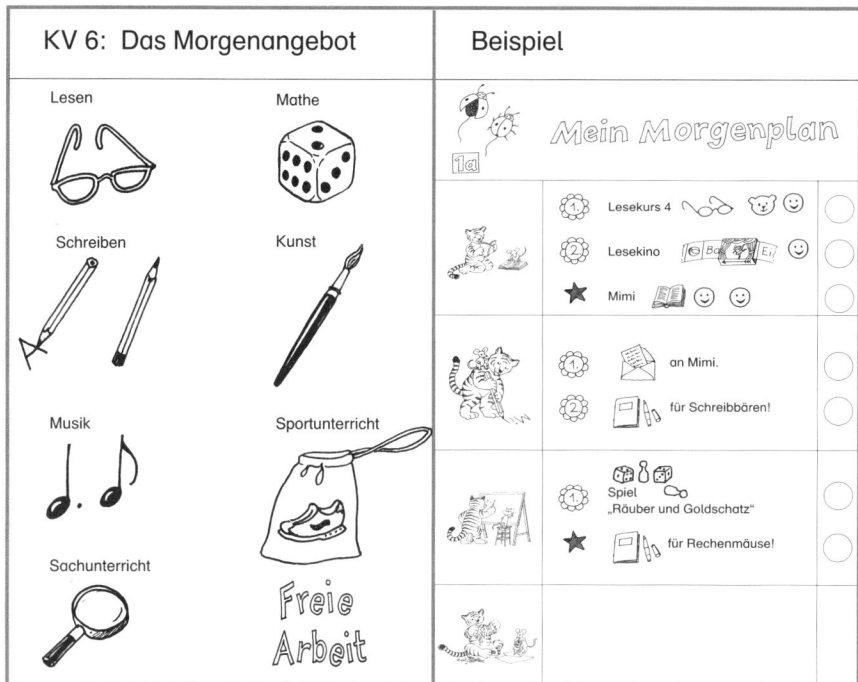

Die Spielemesse

Um die Kinder allmählich heranzuführen, sich selbstständig eine bestimmte Arbeit zu suchen, werden Lernspiele oder Tätigkeiten gemeinsam vorgestellt. Das ist die Stunde der Spielemesse, die durch eine Spieluhr eingeleitet wird. Die Kinder treffen sich im Sitzkreis und ein neues Lernspiel wird feierlich vorgestellt. Da die Spiele meist nur in begrenzter Anzahl vorhanden sind und jeder der erste Tester sein möchte, ist es sinnvoll, Gruppen dafür festzulegen. Sie berichten darüber, beantworten Fragen und geben Tipps.

Freie Stillarbeit

Das stille Hineingleiten in den Tag ermöglicht den Kindern die positive Erfahrung, in Ruhe eine Arbeit auszuführen. Anfang und Ende können durch ein Klangspiel angezeigt werden. Die dabei erledigten Arbeiten werden auf einem Dokumentationsplan markiert.

Mein Zentrum

Kinder wählen unterschiedlich große Kreisschablonen aus und umfahren sie in ihrem Morgenheft. Diese Kreisformen werden individuell ausgestaltet und bemalt. Dabei finden die Kinder zu innerer Ruhe und Ausgeglichenheit.

Das Tagesangebot

Das Tagesangebot kann thematisiert werden, um auch einen Wechsel der Tätigkeiten anzuregen. Was heute im Angebot ist, wird mit den Kindern zu Beginn der Woche geplant, besprochen und notiert.

Montag	Dienstag	Mittwoch	Donnerstag	Freitag
	Angebot: Lerne den Text des Liedes.		Angebot: Erfinde selbst Zahlenmauern.	

Die Morgenplanarbeit

Ist der Arbeitsplan nur für die Zeit vor Unterrichtsbeginn gedacht, können die Kinder aus einem differenzierten Übungsangebot wählen. In dieser Zeit hat die Lehrerin die Möglichkeit, mit einzelnen Kindern gezielt zu üben oder Kindern, die krank waren, den Anschluss an den Leistungsstand der Klasse zu ermöglichen. Es gelingt den Kindern zunehmend, sich für eine Aufgabe zu entscheiden, sich auf die Sache zu konzentrieren, zu verweilen und die Arbeit zu Ende zu führen. (KV 7 s. S. 23)

Der gleitende Anfang

Die Zeitspanne vor dem gemeinsamen Unterrichtsbeginn kann flexibel gewählt werden. Ob sie als Vorviertelstunde oder als gleitender Anfang genutzt wird, hängt von der jeweiligen Schul-, Tages- und Klassensituation ab. Auch entscheiden weitere Tagesvorhaben darüber, wann ein gemeinsamer Beginn stattfinden wird. Die Übergangssituation zwischen der selbstbestimmten Morgenzeit und dem gemeinsam gestalteten Anfang wird durch ein, auch von den Kindern selbstgewähltes, Zeichen angekündigt. So haben sie ausreichend Zeit, ihre Arbeitsmaterialien beispielsweise in die Marktstände zurückzulegen.

Ziel: Den Tageseinstieg gemeinsam gestalten

Wir fangen gemeinsam an

Gemeinsame Anfangsrituale schaffen eine Atmosphäre, in der die Kinder sich selbst als Teil einer Gemeinschaft erfahren und ihre Gefühle oder Gedanken ausdrücken können. Das Schaffen einer inneren Balance ist die Voraussetzung für erfolgreiches Lernen. Entscheidend für alle hier angedachten Morgenrituale ist, dass sie aus dem Bedürfnis der Kinder entstehen. Aber auch die Leh-

KV 7: Mein Morgenplan

Mein Morgenplan

rerin sollte von der Wirksamkeit überzeugt sein, damit sie nicht sinnentleert und damit unecht wirken. Die Kinder werden sie sonst nicht annehmen.

Das Guten-Morgen-Tippen

Die Kinder legen den Kopf auf die Arme, schließen die Augen und „ruhen". Die Lehrerin tippt ein Kind an, dieses erwacht und grüßt ein anderes Kind zum Beispiel mit „Guten Morgen, Lisa". Die Begrüßung wird fortgesetzt, bis alle Kinder wach sind. Jedes Kind wird beachtet und nimmt Kontakt zu einem anderen Kind auf. Gerade schüchterne Kinder können durch dieses Ritual an Selbstvertrauen gewinnen.

Das Morgenlied

Zu Beginn der Woche kann ein Lied erarbeitet werden, das zum Wochenlied oder zum Morgenlied als Einstimmung in den Tag gewählt wird. Als verlässlicher Bestandteil des Tagesanfanges gibt es den Kindern Halt und Zuversicht für den Tag.

Der Gebetskreis

Die Kinder versammeln sich im Stehkreis. In der Kreismitte befinden sich in einer besonders geschmückten Schachtel verschiedene Gebete. Jeden Tag kann ein Kind der Klasse ein Kärtchen ziehen und das Gebet vortragen. Oder alle Kinder sprechen gemeinsam ein bekanntes Gebet. Auch freie Gebete, stille Gebete, Reihensätze oder Gedanken zu aktuellen Anlässen lassen sich einflechten.

Der Wunschkreis

Jeden Morgen können mehrere Kinder im Kreis ihren Tageswunsch kundtun oder berichten, worauf sie sich an diesem Tag besonders freuen. Die Kinder lernen sich dabei besser kennen und gewinnen Vertrauen zueinander.

Der Vorführkreis

Kinder, die etwas vorbereitet haben, gestalten den Einstieg in den Tag auf ihre Weise aktiv: z. B. durch die Darbietung von Gedichten, Liedern, instrumentellen Beiträgen oder kleinen Geschichten.

Gedanken zum Tag

Ähnlich dem Wunschkreis können Kinder Gefühle und Gedanken zu diesem Tag in der Gemeinschaft ausdrücken. Sie sprechen zum Beispiel darüber, worauf sie sich freuen, was es Neues gibt, was sie besonders interessiert oder was ihnen am Herzen liegt. Der Austausch untereinander hilft dabei, sich selbst und die anderen verstehen zu lernen.

Der Meditationskreis

In der Mitte des Kreises liegen unter einem Tuch besondere Dinge versteckt, über die es sich lohnt, nachzudenken. Unter dem Tuch befindet sich z. B. ein Gegenstand, der zum Thema oder zum Jahreskreis besonders eindrucksvoll passt, von einem Kind mitgebracht wurde, oder zu besonderen Gedanken anregt. Wird das Tuch gelüftet, können die Kinder ihre Gedanken dazu äußern. Das Gemeinschaftsgefühl wird durch den Ideenaustausch gestärkt. Jeder ist beteiligt und erfährt über oder durch seine Mitschüler Neues. Auch ein Projektorbild, eine Geräuschkassette, ein fremdartiger Ton eines Instrumentes und vieles mehr regt zum Nachdenken an.

Lege-Bilder

Die Kinder können einzeln oder in der Gruppe zu einer Vorlage, einer Geschichte, einem Begriff oder nach Musik ein Bild legen. Dafür verwenden sie Holzabfälle, Tangram- und Puzzleteile oder geometrische Formen aus verschiedenen Materialien.

Die Morgennachrichten

Auch aktuelle Anlässe wie Informationen aus den Medien oder aus dem persönlichen Umfeld können in den Tagesanfang einbezogen werden. Die Kinder erfahren, dass es wichtig ist, genau Bescheid zu wissen. Unbekannte bzw. missverstandene Begriffe werden gemeinsam geklärt. Mitunter entwickeln sich daraus kleine Vorträge oder Anregungen auch für die Freiarbeit. Zudem werden die Kinder aufgefordert, ihr still konsumiertes Medienwissen zu versprachlichen. Manche Sensationsmeldung wird auf diesem Wege entzaubert und geklärt.

Die Neuigkeiten des Tages

Jeden Tag leitet eine Melodie die „Neuigkeiten des Tages" ein. Ein Kind wird morgens zum Nachrichtensprecher bestimmt. Jedes Kind ist einmal an der Reihe. Neuigkeiten des Tages können von verschiedensten Perspektiven beleuchtet werden. Was ist heute Besonderes? Wer hat Geburtstag? Etc.

Das Heutejournal

Täglich verbreitet ein anderes Kind als Nachrichtensprecher Aktuelles oder Interessantes aus Nachrichten, Zeitungen oder der Klasse.

Die Nachrichtenecke

Vielleicht sind die Morgennachrichten Anlass, eine „Nachrichtenecke" im Klassenzimmer einzurichten. Ein Globus hilft, die vielen Ereignisse auf der Welt zu orten. Die Kinder stellen Zeitungsausschnitte aus und erweitern sie durch eigene Beiträge.

Ziel: Den Tag transparent machen

Die Tagesvorschau

Mit Hilfe von Piktogrammen werden die Tagesvorhaben an der Tafel fixiert. Die Kinder gewinnen Sicherheit und können sich im Laufe des Vormittages immer wieder orientieren. Gerade für bewegungsaktive Kinder ist diese äußere und damit sichtbare Strukturierung des Tages notwendig. (KV 10 s. S. 37)

Der Kalenderpate

Die Tagesansager reißen das Kalenderblatt ab und geben der Klasse das Datum bekannt. Das Datum wird für Hefteinträge, den Beobachtungskalender oder die Geburtstagskinder benötigt.

Die Datumsansage (The Diary)

Täglich werden Wochentag und Datum in Englisch laut gesprochen und aufgeschrieben. Je nach Sprachfähigkeit können Informationen zum Tag erweitert werden und sogar eine Art Tagebuch mit englischen Begriffen angelegt werden.

Der Wetterdienst

Die Kinder lesen Messgeräte, Wolkenbilder, Sonnenaufgangszeiten oder Mondkalender ab und notieren die Ergebnisse. Der Wetterfrosch sammelt diese Informationen z.B. in Form einer Wochenliste. Diese wird in einem Ordner abgeheftet, aus dem so ein Nachschlagewerk entsteht.

Ziel: Sich dem Neuen öffnen

Die Tageskugeln

Ab der ersten Klasse kann die vergangene Zeit optisch sichtbar gemacht werden. In einem Glas befinden sich 365 Papierkugeln. Am Morgen legt ein Kind eine Kugel in das daneben stehende Glas. So wird jeder Tag ab Januar sichtbar. Jeder Monat hat eine eigene Farbe. Entsprechend farbig kann auch das Datum an die Tafel geschrieben werden. Dies bahnt den Einstieg in die spätere Darstellung der Zeitleiste an.

Der Vorsatz des Tages

Gemeinsam wird mit den Kindern besprochen, worauf sie an diesem Tag besonders achten wollen. Anlass können Verhaltensweisen sein, die von allen als störend empfunden wurden. Der gefasste Vorsatz kann beispielsweise als Wortkarte an einer Wand im Klassenzimmer befestigt werden. Möglich ist auch, dass die Kinder ihre persönlichen Vorsätze wählen. Am Ende eines Tages findet ein Gespräch über ihre Realisierung statt.

Mein Tagesbegleiter

Gute Vorsätze, persönliche Ziele oder eigene Lernwege können am Morgen von jedem Kind im eigenen Lerntagebuch eingetragen und bei Bedarf nachgeschlagen bzw. überprüft werden.

Die freundlichen Minuten

Jeden Tag dürfen die Kinder zu einem ausgewählten Kind etwas Nettes sagen. Beispiele hierfür: „Ich finde gut an dir, dass du immer so fröhlich bist, „...dass du mir geholfen hast", „...dass du mit mir in der Pause spielst." Positive Aussagen über ein Kind zu formulieren, sind nicht zu erzwingen. Aber sie tun unglaublich gut. Das Bewusstmachen guter Eigenschaften und auch das Annehmen dieser Botschaften ist für die Entwicklung eines Selbstwertgefühles bedeutsam. Über anfangs vorgegebene Satzmuster, beginnen die Kinder ein Gespür dafür zu entwickeln, was gemeint ist und finden bald eigene Vorschläge.

Der Briefkasten

Über Mitteilungen, die in einen Briefkasten geworfen werden, haben Kinder die Möglichkeit, Probleme, Sorgen oder Freude zum Ausdruck zu bringen. Diese Briefchen können persönlich mit dem Adressaten besprochen oder in der Gemeinschaft nach Wunsch vorgestellt werden. Kinder, die sich ein direktes Gespräch nicht zutrauen, haben dadurch die Möglichkeit, mit der Lehrerin in Kontakt zu treten. Die Kinder beobachten genau, ob sie ihre von Herzen kommende Post öffnet und wie sie darauf reagiert.

Der Montagsfilm

Wird das Piktogramm einer Filmrolle am Montag an die Tafel geheftet, wissen die Kinder, dass der Montagsfilm beginnt. Sie schließen ihre Augen und können nun vor ihrem inneren Auge die Erlebnisse des Wochenendes ablaufen lassen. Aufgabe ist es, dort anzuhalten, wo der Film am interessantesten ist. Diese Szene schauen sie sich noch einmal ganz genau an, um sie anschließend lebendig zu erzählen.

Die Montagsrunde

Die Montagsrunde (Erzählkreis) bietet den Kindern die Möglichkeit, wichtige Erlebnisse vom Wochenende zu erzählen. Eine Beschränkung der Redezeit ermöglicht, dass alle Kinder in angemessener Zeit zu Wort kommen. Fragen dazu können durch Heben beider Arme angezeigt und vom Erzählkind ergänzend beantwortet werden.

Der Erzählstein

Das Erzählen im Kreis ist nicht immer leicht. Ein Hilfsmittel, an dem sich das Kind sehr gut festhalten kann, ist ein besonders schöner Stein. Das Kind, das ihn in Händen hält, hat Redezeit und genießt die Aufmerksamkeit der ganzen Klasse. Nachdem das Kind zu Ende erzählt hat, gibt es den Stein weiter. In vielen Klassen kann es als sehr wohltuend empfunden werden, wenn begleitend zum Weiterreichen des Steines der Satz: „Ich gebe mein Wort weiter an ..." gesprochen wird.

Das Murmelgespräch

Wenn sich am Morgen viel Erzählenswertes angesammelt hat, wird es Zeit für Murmelgespräche. Als Alternative zum Erzählkreis oder als Vorbereitung darauf, erzählen die Kinder dem Sitznachbarn murmelnd ihre Erlebnisse. Anschließend

darf jedes Kind über ein wichtiges Erlebnis im großen Kreis berichten. Die Wartezeit kann auf diese Weise verkürzt werden und das Formulieren gelingt häufig leichter.

Montagsgespräche

Die Kinder können sich in Kleingruppen aufteilen und nach freier Wahl über die Erlebnisse am Wochenende miteinander ins Gespräch kommen. Die Lehrerin hat nun die Möglichkeit, Einzelgespräche mit Kindern zu führen. So können Probleme, die sich aus dem Wochenende in den Schulalltag übertragen würden, schon im Vorfeld abgefangen werden. Dabei achten die Kinder darauf, dass ihre Gespräche nicht über die Runde hinausdringen. Durch die Vereinbarung, dass jedes Kind aussprechen und einem anderen Kind das Wort erteilen kann, wird das Teamgespräch und das Diskutieren in der Gruppe geübt.

Die Kinderkonferenz

Auf einem Plakat im Klassenzimmer können im Laufe der Woche Vorschläge aus der Klasse gesammelt werden. Mögliche thematische Schwerpunkte: Das finde ich gut/Das möchte ich ändern/Das möchte ich vorstellen/Das stört mich. In der Kinderkonferenz am Ende der Woche werden diese Beiträge besprochen.

1.2 Wir sprechen miteinander

Ziel: Die Kommunikationsfähigkeit fördern

Eine anregende Arbeitsatmosphäre und Sicherheit im Umgang miteinander wächst, wenn Arbeits- und Gesprächsformen ritualisiert werden. Die Energien der Kinder können sich so vollkommen auf die Lerninhalte ausrichten.

Kennenlern-Bingo

Die Kinder sollten mithilfe ihres Fragenblattes mögichst viele Mitschüler befragen. Wenn ein Mitschüler die Frage mit „ja" beantworten kann, wird der

Name im Kästchen notiert. Auf dem Blatt sollten möglichst viele verschiedene Namen stehen. Wer als Erstes eine Reihe oder eine Spalte mit Namen gefüllt hat, ruft Bingo.

Suche jemanden, der ...			
gerne Eis isst _____ _____ _____	ein Instrument spielt _____ _____ _____	Fußball spielt _____ _____ _____	viele Bücher liest _____ _____ _____
zwei Geschwister hat _____ _____	schon einmal auf einem Pferd geritten ist _____ _____	Schokolade nicht mag _____ _____	dir ein Lied vorsingen kann _____ _____
ein Gedicht aufsagen kann _____ _____	einen Zaubertrick kennt _____ _____	seinen Namen rückwärts buchstabieren kann _____	heute schon gelacht hat _____ _____

Ich-Du-Wir gemeinsam

Zum Kennen lernen und um ein Gespräch zu beginnen ist es oft hilfreich, sich über Interessen auszutauschen. Dies kann mithilfe eines Mini-Fragebogens geschehen.

Beantworte zunächst selbst die Fragen. Suche dir dann zwei Partner, die auch auf die Fragen antworten. Wo gibt es Gemeinsamkeiten oder Unterschiede?			
	ich	Partner 1	Partner 2
Lieblingssport			
Das mache ich am liebsten			
Mein Lieblingsessen			

Mustersätze zur Steigerung der Gesprächskompetenz

Vorgegebene Satzanfänge bieten Kindern Hilfe, um sich sachgerecht zu äußern. Beispiele für Sprechmuster (Satzmuster) können den Kindern verbal oder visuell in Form von Sprechblasen angeboten werden.

Ziel: Kommunikationstechniken anwenden

Der Gesprächsführerschein

Wenden die Kinder die Gesprächsregeln an, können die erarbeiteten Piktogramme entfernt werden. Die Kinder erhalten den Führerschein in Form einer Karte, die alle Regeln enthält. Dort können sie die Regeln bei Bedarf nachlesen. (KV 8 s. S. 33)

Das Klassengespräch

Alle Kinder möchten etwas sagen, am besten gleichzeitig und nur dem Lehrer. In dieser Situation fühlt sich keiner wohl. Deshalb können von Anfang an gemeinsam Regeln entwickelt werden, die Kinder miteinander ins Gespräch kommen lassen und dabei die Weiterentwicklung ihres Wissens durch Zuhören und Aufnehmen ermöglichen. (KV 8 s. S. 33)

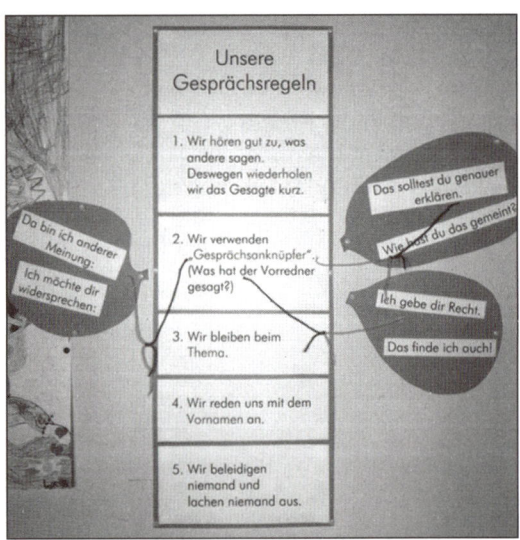

KV 8: Gesprächsregeln	Selbst-einschätzung	Fremd-einschätzung
Ich melde mich leise.		
Ich lasse den Anderen ausreden.		
Ich höre aufmerksam zu.		
Ich halte Blickkontakt mit den Hörern.		
Ich frage höflich nach, wenn ich etwas nicht verstanden habe.		
Ich spreche deutlich und laut.		

Ich bin ich

Zuhören muss erst gelernt werden. Zur Unterstützung eignet sich folgender Hinweis: "Ich bin ich und du bist du, wenn ich rede, hörst du zu!" Durch begleitende Gestik kann sich daraus ein nonverbaler Impuls entwickeln.

Die Klassendiskussion

Die Höchstform des Klassengespräches findet statt, wenn die Kinder mit wenigen Regeln eine Diskussion alleine bewältigen. Jeder darf aussprechen, der Redner gibt das Wort an ein Kind seiner Wahl weiter, bei Zusatzfragen werden beide Arme gehoben. Das Für und Wider eines Themas kann auch durch hilfreiche Satzmuster unterstützt werden. "Ich sehe das anders, weil...", "Ich habe die Erfahrung gemacht, dass...", "Ich verstehe nicht, wie du das meinst....", "Das kann ich bestätigen und hinzufügen...", "Ich sehe das auch so, aber...". Sie können als Hilfsimpulse visualisiert werden. (KV 9 s. S. 34)

KV 9: Klassendiskussion

Das Handzeichen

Das älteste Zeichen ist die Wortmeldung. Jemand will etwas sagen, zeigt es mit dem Meldefinger an und wartet, bis ihm das Wort erteilt wird. Das Kind bekommt die Sicherheit, dass es bemerkt wird, auch ohne sich lautstark mitzuteilen und hat die Gewissheit, dass man nur ihm zuhört. Problematisch ist, dass manchmal nicht alle Kinder, die sich melden, auch zu Wort kommen können. Deshalb löst ein Trostspruch wie: „Ich sehe, dass ich heute viele Mitdenker habe!" oder „Das wolltest du bestimmt auch sagen!" den Unmut darüber und gibt dem Kind das Gefühl, dass man seine Mitarbeit wertschätzt.

Die Fragekarten

In bestimmten Arbeitssituationen ist es günstig, als Alternative zum Melden, eine Fragekarte abzugeben. Ein laminiertes Namenskärtchen wird in die Fragebox hinter die bereits vorhandenen Karten gesteckt. Das Kind wartet so lange, bis die Lehrerin zu seinem Platz kommt, die Frage beantwortet und das Kärtchen zurückgibt. Es entstehen keine leeren Wartezeiten, wenn mehrere Kinder eine Frage an die Lehrerin haben.

Das Partnergespräch

Oft entwickeln sich im Gespräch mit dem Partner weitere Ideen und die Gedanken fließen. So können vielfältigere Ergebnisse als beim unmittelbaren Lehrer - Schülergespräch entstehen. In jeder Unterrichtsphase, in welcher der Drang aller Kinder groß ist, sich mitzuteilen, wirkt es erleichternd, sofort mit dem Partner darüber sprechen zu können. Das Anhören der Ergebnisse anderer Kinder fällt somit leichter. Durch ein Signal werden sowohl der Anfang als auch das Ende des Gespräches angezeigt. Auf den Hinweis, wie zum Beispiel „1,2,3 das Partnergespräch ist nun vorbei", kann sich der Sprecher mit Handzeichen melden. Sprechmuster bei der Präsentation der Ergebnisse helfen den Kindern: „Mein Partner und ich haben uns überlegt..." oder „Wir haben herausgefunden, dass...".

Das Gruppengespräch

Das Gespräch in der Gruppe nutzen Kinder gerne, um ihre Meinungen auszutauschen. Der gewählte Gruppensprecher kann sich den Sprechersticker anheften. Als Hilfe beim Vortragen der Ergebnisse kann das Satzmuster: "Meine Gruppe (und ich haben) herausgefunden, dass..." den Sprecher unterstützen.

Das Blitzlicht

Zu Beginn oder am Ende einer Stunde/eines Tages darf sich jedes Kind kurz (in einem Satz) zu einem Impuls äußern. Die Aussagen der Kinder werden nicht kommentiert.

Der Gesprächsteppich

Sind Kinder mit einer bestimmten Arbeit fertig, treffen sie sich auf dem Gesprächsteppich. Sie können sich dort so unterhalten, dass die noch arbeitenden Kinder nicht in ihrer Arbeitsruhe gestört werden.

Die Zauberzeit

In der Zauberzeit ist die Stimme weggezaubert. Ist in dieser Stillarbeitsphase kommunikativer Austausch unbedingt nötig, erfolgt dieser durch Mimik und Gestik oder auch in schriftlicher Form. Auch die Lehrerin hält sich an die Zauberzeit, indem sie deutet, nickt oder den Kopf schüttelt. (KV 11 s. S. 37)

Die Aufrufkette

Die Kinder rufen sich gegenseitig auf. Damit anfangs die Entscheidung leichter fällt, können Hilfen vorgegeben werden wie z.B. abwechselnd Jungen und Mädchen, das rechts oder links sitzende Kind. Es können auch Kinder aus der Fenster- oder Türreihe bzw. Kinder von jedem Gruppentisch aufgerufen werden.

Der Sprechwurm

Der Sprechwurm zieht sich nach vereinbarter Reihenfolge je nach Sitzordnung automatisch durch die Klasse. Hilfreich an diesem Ritual ist, dass nicht aufgerufen werden muss. Die Konzentration ist völlig auf den Inhalt bezogen, etwa bei der Ergebniskontrolle oder in Übungsphasen. Zur Erinnerung kann das Wurmgesicht als Anfangspunkt und ein Faden als Körper über den Plan der Klassensitzordnung gelegt werden.

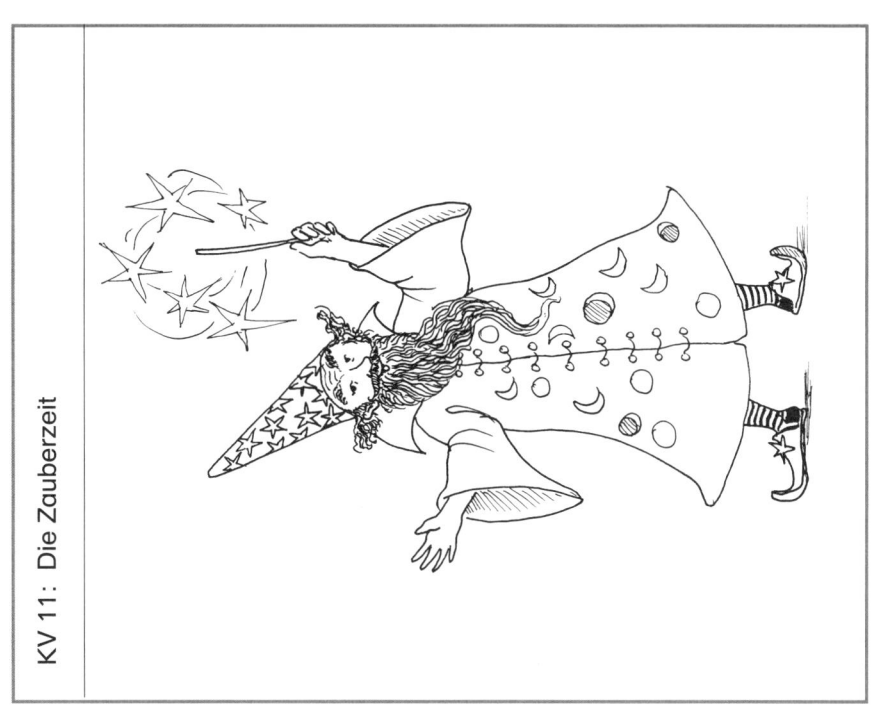

KV 11: Die Zauberzeit

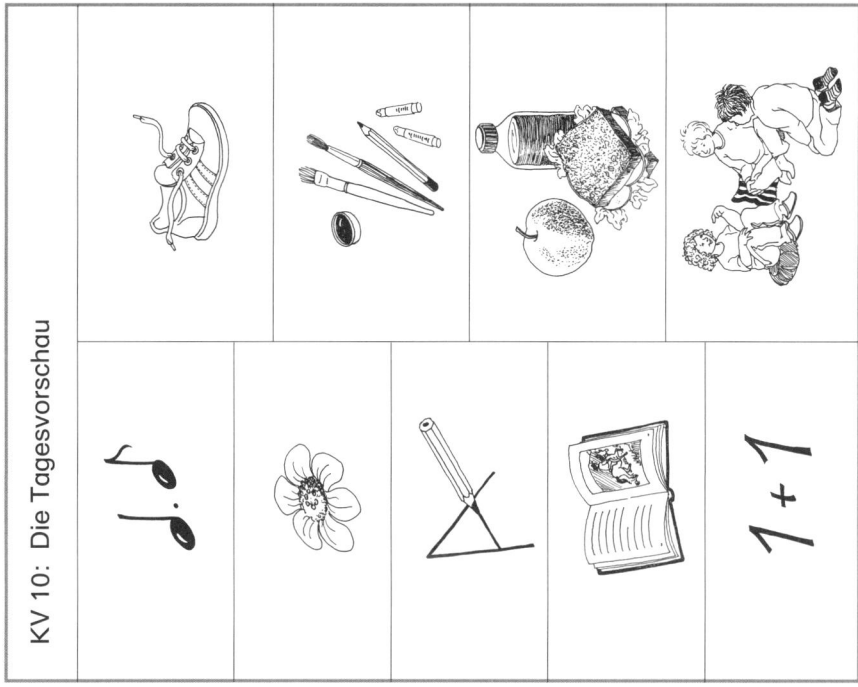

KV 10: Die Tagesvorschau

Den Satz weitergeben

Während einer Tafelanschrift kann es sich als sinnvoll erweisen, die aufkommende Unruhe dadurch abzuwenden, dass die Kinder eine Aufgabe bekommen. Sie können die Überschrift, den erarbeiteten Begriff oder den Merksatz so lange gemeinsam oder in der Reihenfolge des Sprechwurmes laut sprechen, bis die Anschrift fertig ist.

Die Gesprächsuhr

Um anzuzeigen, welche Gesprächsform zum Einsatz kommt, wird der Zeiger auf das entsprechende Symbol geschoben. Langes Erklären wird so vermieden und die Arbeit kann sofort beginnen. Die Wahl der Gesprächsform kann auch von den Kindern selbst erfolgen. (KV 12 s. S. 39)

Das Kreisgespräch

Die Kreisform unterstützt das Aufeinanderhören, fokussiert die Konzentration auf die Sache und fördert das gemeinsame Gespräch. Das passende Bild kündigt die äußere Form an und zeigt ein positives Beispiel als Orientierung.

Methode 44

Ziel dieser Methode ist es, spontane Äußerungen zu einer Thematik zu sammeln. Diese kann auch zu Beginn einer Gruppenarbeitsphase stehen. Vier Kinder tauschen sich vier Minuten lang aus. Die Anzahl der teilnehmenden Kinder sowie die Zeitspanne lässt sich beliebig variieren und dementsprechend in Methode xy umwandeln.

Kugellager

Die Kinder setzen sich in Kreisform paarweise gegenüber, so dass ein Innen- und Außenkreis entsteht. Sie unterhalten sich über eine Frage oder zu einem Thema mit ihrem gegenübersitzenden Gesprächspartner. Erst berichtet das Kind im Innenkreis. Der Gesprächspartner hört zu und fragt gegebenenfalls nach. Die Kinder im Innenkreis wechseln nach einer Zeitspanne um zwei Sitze im Uhrzeigersinn, so dass neue Gesprächspaare entstehen. Nun werden die Kinder im Außenkreis aktiv und berichten ihrerseits zu einer vorgegebenen Thematik oder Fragestellung. Am Ende kann der Gesprächsprozess unter kommunikativen und inhaltlichen Gesichtspunkten ausgewertet werden.

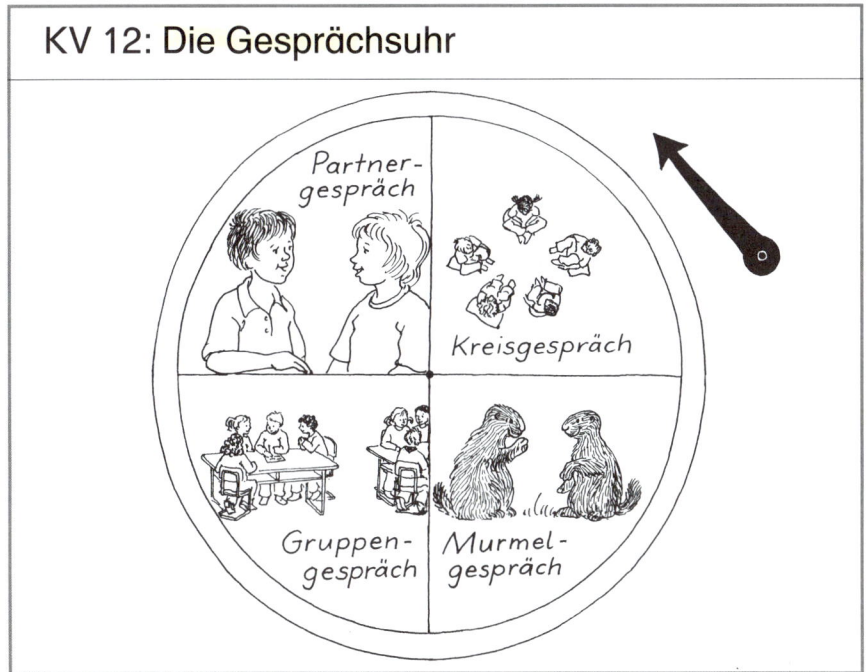

KV 12: Die Gesprächsuhr

Partner-gespräch

Kreisgespräch

Gruppen-gespräch

Murmel-gespräch

Interview

Die Kinder überlegen sich zu einem behandelten Stoffgebiet oder einer Thematik Fragen und notieren diese. Anschließend bewegen sich alle im Klassenraum und suchen sich verschiedene Partner für ihre Befragung. Dabei wechseln sie von der Rolle des Interviewers zum Befragten.

Ein ganzer Satz

Ein Zeichen mit der Hand, das in etwa einen geschlossenen Kreis andeutet, zeigt dem Kind, dass es seine Antwort in einem ganzen Satz formulieren soll.

Ziel: Wertschätzenden Umgang pflegen

Wertschätzender und respektvoller Umgang miteinander bezieht sich auf die eigene Person, die Mitmenschen und die Umwelt.

Der Umgangsstil

Sind in einer Schulgemeinschaft alle daran interessiert, einen Umgangsstil zu pflegen, der höflich und wohltuend ist, kann im Rahmen auch eines Projektes ein Überdenken bisheriger Verhaltensweisen angebahnt werden. Durch eine Befragung der Kinder lassen sich positiv und negativ empfundene Umgangsformen feststellen. Anschließend kann in den Klassen überlegt werden, welche Regeln eine Änderung bewirken würden. Werden Kinder aktiv an der Festlegung der Regeln beteiligt, die sie betreffen, haben sie großes Interesse daran, diese zu beachten. Sie stellen dadurch ihre eigenen Umgangsformen auf.

Der Klassenknigge

Um positives Verhalten bewusst zu machen, werden im Laufe eines Schuljahres gemeinsam entwickelte Umgangsformen von den Kindern in einem Buch gesammelt. Anfangs können es Bilder oder Fotos sein, später Texte. Die Beiträge entwickeln sich aus aktuellen Situationen. Verhaltensweisen, die besonders gut ankommen, werden von den Kindern nach einer Abstimmung aufgenommen.

Das Begrüßungsschild

Im Eingangsbereich einer Schule wirkt ein freundliches Begrüßungsschild auf alle, die hereinkommen, sehr positiv und weist auf die Grundstimmung einer Schule hin. Dazu können auch Grüße in den Sprachen der ausländischen Kinder gehören.

Unsere Visitenkarte

Besucher werden schon an der Klassenzimmertür durch ein Plakat auf die dahinter verborgene Klassenatmosphäre eingestimmt. Einer Visitenkarte gleich kann beispielsweise der Gemeinschaftsgedanke hervorgehoben werden.

Musikalische Begrüßung

Eine besonders herzliche Stimmung entsteht, wenn sich die Kinder musikalisch begrüßen.

Die Handpuppe begrüßt die Klasse

Die Identifikationsfigur verhält sich vorbildlich und begrüßt jeden Tag die erste Klasse. Die Kinder grüßen freundlich zurück und nehmen sie in ihre Mitte auf.

Besondere Grüße

War ein Schüler krank, wird er besonders herzlich aufgenommen: „Schön, dass du wieder da bist!" Wenn das Kind erzählen will, ist im Sitzkreis Gelegenheit, die Krankengeschichte anzuhören. Kommt ein Kind zu spät, ist ihm das eher peinlich. Um die Aufmerksamkeit nicht mehr als nötig auf sich zu lenken, gilt ein Augenzwinkern als vorläufige Begrüßung.

Alte Grüße

„Tritt ein, bring Glück herein" und weitere Rituale von älteren Familienmitgliedern werden gesammelt und deren Bedeutung erkundet. Die Kinder überlegen, ob sie noch Sinn machen und übernommen werden könnten.

Der höfliche Tag

Um wieder einmal an die Höflichkeitsrituale besonders zu erinnern, kann ein bestimmter Tag festgesetzt werden, an dem alle besonders bemüht sind, sich höflich zu verhalten. (Siehe auch KV 24 auf S. 61: Der Höflichkeitsbär)

KV 13: Der höfliche Tag

Danke – Warum ?

Warum soll man sich dankbar zeigen? In der Schule gibt es viele Möglichkeiten vorzuleben, dass auch Lehrer den Kindern dankbar sind. „Danke, dass ich deine neue Geschichte lesen durfte!" „Danke, dass ich jetzt etwas Neues weiß!" „Danke, ich hätte sonst nicht gewusst, wie ich es ohne dich geschafft hätte!" „Danke, ich habe heute viel Freude an euch gehabt!" Diese Ich-Botschaften zeigen den Kindern, dass sie ernst genommen werden und dass sie wichtig sind. Nur wenn Kinder erfahren, dass Danken ein ehrlich gemeintes, freundliches und wohlwollendes Gefühl ist, werden sie es gerne selbst verschenken. (KV 24 s. S. 61)

Die Schätzesammlung

Alle, von den Kindern geschenkten, Bilder und „Dankeschöns" können an einer Pinnwand gesammelt werden. Dies ist Ausdruck der Wertschätzung, der Freude und der Dankbarkeit über das Geschenk.

Das Danke-Herz

Ein rotes Herz aus Tonpapier wird an die Kinder verschenkt mit persönlichem Dank. Auf der Rückseite steht zum Beispiel: „Danke für deine Mitarbeit, den schönen Hefteintrag, die gut gelesene Geschichte, dass ich mit dir heute so herzlich lachen konnte, dass du so fleißig warst".

Das Danke-Spiel

Im Rollenspiel können sich die Kinder Geschichten ausdenken und Situationen darstellen, die das Danken sinnvoll machen. Anregungen können auch Fragen geben wie: „Wer könnte sich an unserer Schule, zu Hause, bei Freunden freuen, wenn wir uns bei ihm bedanken würden? Wie könnten wir das tun?"

Figurentheater

Auch mit Schattenspielfiguren, die schnell aus gerissenem Transparentpapier und einem Holzstäbchen herzustellen sind, lassen sich spontan Szenen darstellen. Das Theaterstück kann den Titel tragen: „Der Ton macht die Musik" oder „Wie es in den Wald hineinruft, so schallt es zurück!" Die dazu erstellten Piktogramme können bei Bedarf angetippt werden.

Das Zauberwort

Manchmal wird vergessen, bitte zu sagen. Kinder fordern viel lieber. So wird „Bitte" zum Zauberwort und mit der Anregung der Lehrerin, „Ich würde mich über ein Zauberwort freuen!", werden die Kinder daran erinnert, dass höflich ausgesprochene Wünsche vielleicht schneller zum Erfolg führen.

Die Bitte-Geschichte

Bitte sagen kann im Rollenspiel geübt werden. Die Kinder denken sich eine passende Geschichte aus. In Gruppen wird überlegt, wie sie gespielt werden kann. Diese Geschichten können auch auf wirklich erlebte Vorfälle zurückgreifen.

Contenance

Wird eine Diskussion einmal sehr heftig geführt oder die Gemüter drohen überzugehen, kann die Variante: „Contenance, Mesdames et Messieurs!", sehr französisch ausgesprochen, wie Magie wirken.

Leitfaden für ein Gespräch (Sternchen-Tipps)

Für die Entwicklung einer Gesprächskultur ist es wichtig, dass die Kinder während des Unterrichts immer wieder an die in der Klasse vereinbarten Gesprächsregeln anknüpfen oder ggf. daran erinnert werden.

Darüber hinaus wird mit den Kindern gemeinsam besprochen und erarbeitet, wie man ein gutes Gespräch führt. Den Blickkontakt mit dem Gesprächspartner aufnehmen, einen der Situation angemessenen Gesichtsausdruck zeigen, sich mit seinem Körper dem Gesprächspartner zuwenden sind dabei wichtige Bausteine. Den Kindern sollte bewusst werden, dass man mit Gestik und Mimik wie Stirn runzeln, nachäffen, lachen oder grinsen dem Gegenüber eine sehr herabwürdigende Haltung zeigt. Die erarbeiteten Tipps können beispielsweise auf Plakaten oder Karten in „Sternform" notiert werden und somit stets bei Bedarf zu Hilfe genommen werden. (KV 14 s. S. 44)

Linealstimme

Um Kinder für gemäßigte stimmliche Lautstärke zu sensibilisieren, verwenden die Kinder die „30 cm Stimme". Sie sprechen so leise miteinander, dass zwischen den Gesprächspartnern ungefähr der Abstand eines 30 cm langen Lineals passt.

KV 14: Tipps für ein Gespräch

Beim Sprechen Mimik, Gestik und Betonung einsetzen

Sich dem Zuhörer zuwenden und in die Augen schauen

Den Vorredner aussprechen lassen

Anderen zuhören

Nach-einander sprechen

Beim Thema bleiben

Die eigene Meinung begründen

Tagebuch

Zu Beginn der Woche wird mit den Kindern vereinbart, worauf im Umgang miteinander besonders Wert gelegt wird. Sie notieren in ihr Tagebuch jeweils am Ende des Tages, wie ihnen ihre Umsetzung gelungen ist. Dies kann in Form von Symbolen geschehen, schriftliche Äußerungen können von den einzelnen Kindern ergänzt werden.

Darauf achte ich in dieser Woche:	☺	😐	☹
Sich leise melden in der Gesprächsrunde			
Montag			
Dienstag			
Mittwoch			
Donnerstag			
Freitag			
Das möchte ich mir vornehmen			

Feedback geben

Jemandem Rückmeldung zu geben, ist wichtig für jede Art der Kommunikation. Von Bedeutung ist hier, dass Kinder lernen, zuerst etwas Positives zu sagen und anschließend Kritik konstruktiv in Verbindung mit einem Vorschlag einzubringen. Zu Beginn können Rückmeldekarten mit vorgegebenen Satzanfängen helfen, die Reihenfolge einzuhalten.

1. Mir hat gut gefallen, dass...

2. Ich habe noch eine Frage an dich ...

3. Nicht so gut gefallen hat mir...

4. Mein Tipp für dich ...

So gibst du Kindern Rückmeldung!

Die Erinnerungsmappe

Die Sammlung höflicher Sätze wird hervorgeholt, wenn der Umgangston einmal zu unfreundlich ist. In einer Erinnerungsmappe sind höfliche Sätze gesammelt. In Folien stecken die Wortkarten und können bei Bedarf auch einzeln hervorgeholt werden, um als stummer Impuls in den Gesprächskreis einbezogen zu werden.

Das Fehlerklopfen

Fehlerklopfen ermöglicht in allen Fächern einen höflichen Umgang miteinander. Beim Vergleichen beispielsweise von Rechenergebnissen können Kinder, die ein anderes Ergebnis haben, dies durch ein Klopfen auf die Bank anzeigen. Das Kind kann dann einen der Klopfer aufrufen und das Ergebnis überprüfen. Um aus den Fehlern anderer zu lernen, kann überlegt werden, wo der Denkfehler lag und wie er vermieden werden könnte.

1.3 Wir arbeiten miteinander

Ziel: In der Organisation Verantwortung übernehmen

Die helfenden Raben

Um ein Verantwortungsgefühl für die Gemeinschaft zu entwickeln, können die Kinder Ordnungsdienste übernehmen und diese Aufgaben ernsthaft und zuverlässig ausführen. An gestalteten Diensteschildern werden mit einer Klammer die Namen der aktuellen Ordnungskinder befestigt.

Die Dienstebesprechung

Bei Bedarf treffen sich die Kinder zu einer Besprechung, um festzustellen, ob die Dienste zur Zufriedenheit der Klassengemeinschaft ausgeführt wurden. Die Kindern trainieren dabei, Lob und Kritik sachlich zu äußern und zu begründen.

Herr Jemand Anders

Fühlt sich niemand verantwortlich und wird der Satz „Das war ich nicht!" geäußert, können Eingeweihte antworten: „Dann war es Herr Jemand Anders!" Stellvertretend übernimmt er die Rolle des Schuldigen und es fällt den Kindern leichter, den Schaden gemeinsam zu beheben.

Ziel: Einen persönlichen Beitrag zum Gelingen des Tages leisten

Der Schulgeist

Für Übeltäter, die nicht beim Namen genannt werden wollen oder können, springt der Schulgeist ein. Auf die Frage: „Wer war denn das?" können die Kinder antworten: „Das war bestimmt der Schulgeist!" Das Wiedergutmachen gelingt jetzt besser. Auch kann der Schulgeist einmal stellvertretend für die Klasse ausgeschimpft werden.

Die Hausordnung

In der regelmäßig stattfindenden Schülerkonferenz treffen sich die Vertreter der Klassen, um beispielsweise gemeinsam eine Hausordnung (Pausenordnung) für ihre Schule zu erarbeiten. Die in den Klassen besprochenen Vorschläge werden hier eingebracht und die Ergebnisse von den Sprechern ihrer Klasse mitgeteilt. Die Kinder fühlen sich am Entscheidungsprozess beteiligt und halten sich überzeugter an die Regeln. (KV 15 s. S. S. 48)

Ziel: Methodenkompetenz fördern als Grundlage für lebenslanges Lernen

Die 6 Lernstrategien auf einen Blick

Die in der Abbildung auf S. 49 dargestellten Symbole für erarbeitete Lernstrategien können im Lernen-lernen-Heft auf der 1. Seite sukzessive gleich einem Puzzle zusammengefügt werden, nachdem sie im Unterricht erarbeitet wurden. Als Plakat im Klassenzimmer dienen sie als Erinnerungsstütze oder auch einzeln als Wochenmotto bzw. Beobachtungsschwerpunkt. (KV 16 s. S. 49) Sie umfassen die Zuordnung von Wort zu Bild, um sich auch Texte besser einzuprägen, das Notieren von Stichpunkten, das Ordnung halten, die richtige Arbeitseinteilung, das Nachschlagen und selbstständige Kontrollieren.

KV 15: Hausordnung – Pausenordnung

Hausordnung	Bei Verstoß
1. Ich bin freundlich, rücksichtsvoll und höflich meinen Mitschülern und den Lehrern gegenüber.	5 höfliche Sätze schreiben oder bessere Verhaltensmöglichkeiten
2. Ich komme so rechtzeitig in die Schule, dass der Unterricht pünktlich um 8 Uhr beginnen kann. Bei Krankheit bin ich rechtzeitig entschuldigt.	Zeit nachholen / Eltern benach-richtigen (Formblatt)
3. Ich bewege mich im Schulhaus leise, langsam und ohne zu drängeln.	Sich als Letzter anstellen / Hausordnung abschreiben
4. Kleidung und Schuhe gehören an die Garderobe. Ich halte Ordnung.	1 Woche Garderobendienst
5. Während des ganzen Schultages trage ich meine Hausschuhe.	Klassenzimmer und Hausschuhkorb säubern
6. Muss ich mir ein Pausenbrot kaufen? Dann gehe ich vor 8 Uhr zum Pausenverkauf.	Nur zur großen Pause kann man sich wieder etwas kaufen.
7. Ich achte auf fremdes Eigentum. Mit Einrichtungsgegenständen und Schmuck im Schulhaus gehe ich sorgsam um.	Dinge ersetzen (basteln, reparieren, bezahlen)
8. Für meinen Abfall bin ich selbst verantwortlich. Ich benutze den richtigen Abfalleimer.	Mülldienst oder Klassenzimmer putzen
9. Unsere Schule ist kaugummifreie Zone!	Sätze schreiben mit Begründung
10. Schmutzige Toiletten sind eklig! Ich werfe kein Papier auf den Boden, spüle immer und wasche mir zum Schluss die Hände.	Toiletten putzen
11. In der Regenpause bleibe ich im oder vor dem Klassenzimmer.	Am Folgetag Pausenverbot (mit spez. Aufgabe)
12. Dinge, die den Unterricht stören, lasse ich grundsätzlich zuhause. Geld ist nur im Geld-beutel sicher.	Störende Dinge abnehmen Rückgabe: Ende der Woche?

Ich halte mich an die Regeln: _____
(Unterschrift)

Pausenordnung bei Regen

 Die Klasse bleibt bei dem Lehrer, bei dem sie in der vorhergehenden Stunde Unterricht hatte.

 Eine Liste mit Spielen für die Regenpause hängt aus. Vor der Pause wird besprochen, wer was mit wem spielt.

 Bei den Pausenspielen dürfen andere Klassen nicht gestört werden.

 Im Flurbereich direkt vor dem Klassenzimmer darf leise gespielt werden.

 Ball- und Fangspiele sind nicht gestattet.

 Besuche in anderen Klassen sind erlaubt. (Vorher beim Lehrer abmelden!)

 Die Fenster dürfen nur gekippt werden.

Die Schulleitung

KV 16: Die 6 Lernstrategien

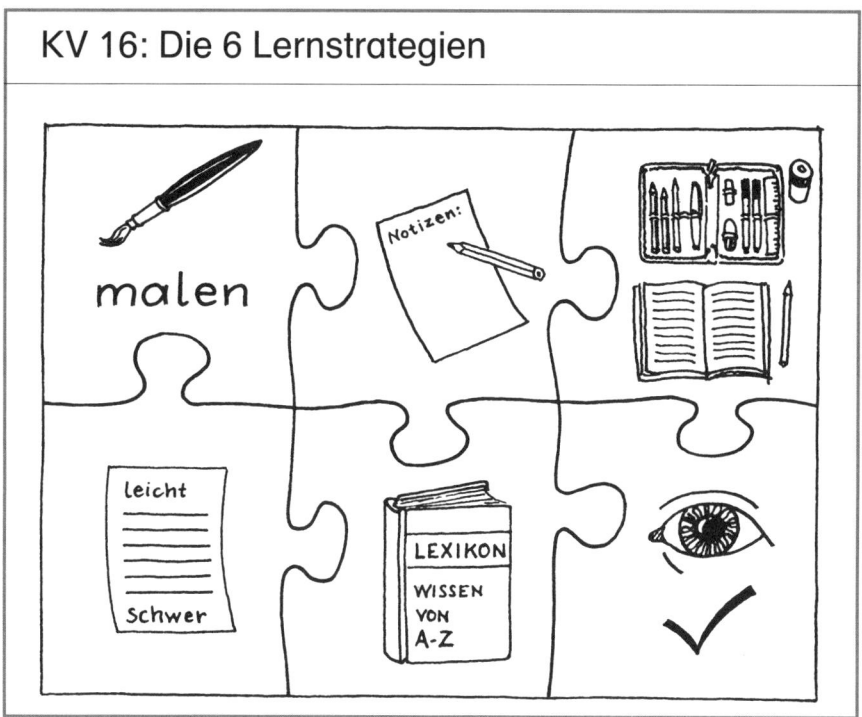

Unser Motto der Woche

Jede Woche einigen sich die Kinder auf ein Motto, auf das besonders Wert gelegt werden soll. Dies kann aus allen Bereichen des schulischen Zusammenlebens und -arbeitens stammen. Damit es immer präsent ist, wird es im Klassenzimmer gut sichtbar visualisiert. In der Besprechung zu Beginn der Woche erarbeiten alle gemeinsam, wie das Motto konkret umgesetzt werden kann. Dies wird schriftlich festgehalten.

Unser Motto der Woche	
Wir achten auf Ordnung an unserem Arbeitsplatz.	
Das ist gut:	Das solltest du vermeiden:
Nur die Arbeitsmaterialien liegen auf deinem Tisch bereit.	Spielsachen und Essen liegen nicht auf dem Tisch.
Die Schultasche hängt am Haken deiner Bank.	Um deinen Arbeitsplatz herum liegt nichts auf dem Boden.
…	…

Ziel: Gewährung eines reibungslosen Arbeitsablaufes

Die Materialtheke

Um zu vermeiden, dass Kinder eine Arbeit nicht beginnen können oder beim Suchen stören, können sie an der Materialtheke selbst helfen. Alle Arbeitsmaterialien liegen dort bereit und werden ersetzt, wenn sie vergessen oder nicht mehr funktionsfähig sind.

Der Laden

Material wird auf einem eigenen Tisch passend zur Unterrichtseinheit bereitgestellt. Im Laden können die Kinder ihr benötigtes Material für die entsprechenden Vorhaben abholen.

Das Blatt der Verantwortung

Die Kinder erhalten einen laminierten Merkzettel. Hier können sie täglich eintragen, wie es ihnen gelungen ist, z.B. auf Vollständigkeit der Arbeitsmaterialien zu achten, Hausaufgaben zu erledigen und an organisatorische Dinge zu denken. (KV 17 s. S. 51)

Ziel: Arbeitstechniken aneignen

Lernwege

Kinder, die über vielfältige Arbeitstechniken verfügen und den Umgang mit Arbeitsgeräten beherrschen, können sich selbsttätig und eigenständig Wissen aneignen. Diese Rituale helfen, kreativ und fähig zu werden, um eigene Lernwege gehen zu können.

Der Trimm-dich-Pfad

Der sachgemäße Umgang mit Kleber, Schere, Lineal, Locher, Schreibgeräten, Heftern oder anderen Arbeitsgeräten kann an Stationen so lange geübt werden, bis er in Form einer Fitnessprüfung nachgewiesen wird. Das Erreichen dieser Qualifikation erweitert die Selbstkompetenz der Kinder.
Die möglichen Stationen:
- Das 5-Punkte-Kleben, um Arbeitsblätter richtig einzukleben;
- Das Anlegen des Lineals mit zwei Druckpunkten und Zeichenaufgaben, um seinen Einsatz zu üben;
- Der Knick beim Lochen, um die Mitte zu finden;
- Die Schnittvorlagen zum Schneiden und Materialien zum Erproben des richtigen Einsatzes aller Schreibgeräte.

Diese Stationen können auch zur ständigen Fördereinrichtung werden.

KV 17: Ich übernehme Verantwortung!

Alles o. k.?	Mo	Di	Mi	Do	Fr
Mein Handwerkszeug: Stifte, Kleber, Anspitzer, Lineal, Schere, Zirkel	◯	◯	◯	◯	◯
Hausaufgaben ?	◯	◯	◯	◯	◯
Daran muss ich denken	◯	◯	◯	◯	◯

grün: Ich habe alles vollständig erledigt.
gelb: Etwas hat gefehlt.
rot: Ich muss mich noch mehr bemühen.

Alles o. k.?	Mo	Di	Mi	Do	Fr
Wochenplan: gut gearbeitet, Material aufgeräumt	◯	◯	◯	◯	◯
Unterricht: mitgearbeitet, zur Sache gesprochen…	◯	◯	◯	◯	◯
Sport, Religion, Handarbeit: mitgearbeitet, Vereinbarungen eingehalten…	◯	◯	◯	◯	◯
Umgang miteinander: freundlich, hilfsbereit, friedlich	◯	◯	◯	◯	◯

grün: Mir ist alles gut gelungen.
gelb: Etwas war nicht ganz o. k.
      Ich bemühe mich.
rot: Ich will mich anstrengen
      und möchte etwas verbessern.

Ziel: Selbstständig an der Organisation mitwirken

Die Farbenkinder

Der Platz des linken und rechten Nachbarn kann mit verschiedenfarbigen Klebepunkten gekennzeichnet werden. Bei Arbeitsaufträgen fühlen sich die richtigen Kinder angesprochen und es entsteht kein Erklärungsbedarf. Die „roten" Kinder holen das Arbeitsblatt. Die „grünen" Kinder schreiben beim Partnerdiktat zuerst, das „rote" Kind diktiert. An der Tafel können Aufgaben mit den entsprechenden Farben geschrieben werden, so dass jede Kindergruppe weiß, welche Aufgaben sie zu bearbeiten hat.

Die Farbleiter

Zur Differenzierung werden die Aufgaben mit drei Farben gekennzeichnet, die den Sprossen der Leiter entsprechen. Die unterste Sprosse symbolisiert mit der Farbe grün die einfacheren Aufgaben, die mittlere, gelbe Sprosse die gehobeneren Aufgaben und die rote, obere Sprosse die anspruchsvollen Aufgaben.

Lernpartner

Schüler lehren Schüler. Kinder erklären Sachverhalte für andere Kinder oft viel verständlicher als Lehrer. Lernpartner können je nach Fach und Thematik wechseln und werden nach Bedarf eingesetzt.

Ziel: Im Team Ideen entwickeln und Vorhaben planen

Erfolgreich im Team

Kinder arbeiten gerne zusammen. Ein erfolgreiches Team wendet die passenden Gesprächsregeln an, arbeitet sachbezogen und trägt die Ergebnisse angemessen vor. Haben sich die Kinder daran gehalten, kann dies in der Teamkarte durch einen Punkt oder als Ball im Tor belohnt werden.

Ideenrunde

Zu Beginn eines Vorhabens werden Ideen gesammelt (ähnlich wie dem Brainstorming) und auch Vorschläge zur Art der Durchführung. Dies kann in mündlicher oder schriftlicher Form gemeinsam mit der ganzen Klasse oder in der Kleingruppe erfolgen.

Ideenwanderung

Jedes Kind bearbeitet zunächst für sich die Fragestellung oder die Thematik und notiert seine Ideen auf einem Blatt. Nun wird das Blatt weitergegeben. Der Nächste liest die Ideen und notiert dazu seine Anmerkungen, Gedanken und Antworten. Erneut wird das Blatt weitergegeben. Nach dieser Phase der

Einzelarbeit erhält die Gruppe/jedes Kind der Gruppe sein von den anderen Schülern kommentiertes Ausgangsblatt zurück. Im Anschluss kann eine Präsentation der Gruppenergebnisse erfolgen, in dem Gemeinsamkeiten und Unterschiede herausgearbeitet werden.

Das Schreibgespräch

Bei manchen Themenbereichen bietet sich ein Schreibgespräch an. Dazu wird der Gruppentisch mit Papier bespannt. Die Kinder schreiben ihre Ansichten zu einem Thema auf. Nach einer ersten Schreibphase, in der jedes Kind seine Gedanken und Ideen zu dem gewählten Thema aufgeschrieben hat, werden sie still gelesen und in einer zweiten Schreibphase kommentiert. Anschließend ist dieser Entwurf vielleicht Ausgangspunkt für ein Klassengespräch.

Ideennetz

Jedes Kind hat ein leeres DIN-A4-Blatt und verschiedenfarbige Stifte vor sich liegen. Es notiert ein Stichwort bzw. ein Thema in der Mitte des Blattes. Aufgabe ist es nun, alle Gedanken zu diesem Stichwort um die Mitte herumzuschreiben und durch Linien mit dem Stichwort/der Thematik zu verbinden. Wenn zu einem Gedanken weitere folgen, werden sie miteinander durch weitere Striche zu einer Kette verbunden bzw. ergänzt.

Ziel: Ideen und Erfahrungen einbringen

Vier Ecken

Dies kann eine Möglichkeit sein, zum einen den eigenen Standpunkt zu klären, sich zu entscheiden. Darüber hinaus kann das einzelne Kind sich mit anderen austauschen. Zu Beginn befinden sich alle Kinder in der Mitte des Raumes. Die Lehrerin oder ein Kind übernimmt die Moderation, stellt eine Aufgabe und nennt vier Entscheidungsmöglichkeiten, die den vier Ecken des Raumes zugeordnet werden können. Je nach Entscheidung gehen die Kinder in die entsprechende Ecke. Wer sich nicht entscheiden kann, bleibt in der Mitte. In der jeweiligen Ecke findet ein Austausch über die Entscheidung statt, es werden Ideen und Erfahrungen, die damit verbunden werden, mitgeteilt.

Ideenwand

Ein Packpapierbogen mit dem Thema oder einer Fragestellung wird an die Seitentafel geheftet. Die Kinder können nun in einem gemeinsam festgelegten zeitlichen Rahmen ihre Ideen und Fragen zur Thematik notieren. Kann ein Kind eine Frage bereits beantworten, notiert es seine Antwort auf einen Zettel und heftet diesen zur entsprechenden Frage.

Kärtchen-Abfrage

Diese Methode ist geeignet für die Erarbeitung eines Unterrichtsthemas und zur Entwicklung von Lösungsstrategien. Die Kinder notieren zunächst ihre Äußerungen zu einer Thematik, die als Impuls an der Tafel hängt. Auf jedes Kärtchen wird nur eine Aussage notiert. Nachdem alle Kinder ihre Kärtchen angeheftet haben, werden diese geordnet. In Gruppenarbeit können die Themengebiete dann weiter bearbeitet werden.

Ziel: Gemeinsam ein Thema erarbeiten

Gruppenpuzzle

Die Klasse wird in Stammgruppen von vier bis sechs Kindern eingeteilt. Die Zahl der Gruppenmitglieder richtet sich nach der Zahl der Teilbereiche, in die ein Thema untergliedert wird. In jeder Stammgruppe entscheidet sich jedes Kind für einen Teilbereich, in dem es Experte werden möchte. Anschließend bilden alle zukünftigen Experten mit jeweils dem gleichen Unterthema eine Gruppe, um sich ihren Teilbereich zu erarbeiten. Am Ende der Erarbeitungsphase kehren alle wieder in ihre Stammgruppen zurück und informieren die übrigen Schüler über ihr gewonnenes Wissen, so dass alle Mitglieder der Stammgruppe über alle Teilbereiche informiert werden.

Platzdeckchen

Das Thema für die Gruppenarbeit wird im mittleren Feld eines DIN-A3-Blattes notiert. Jedem Teilnehmer der Gruppe steht ein äußeres Feld zur Verfügung. Jedes Mitglied der Gruppe bearbeitet nun die Thematik erst einmal für sich selbst und notiert seine Fragen, Ideen und Gedanken im jeweiligen Feld. Nun informiert jedes Gruppenmitglied die anderen Teilnehmer seiner Gruppe über seine Ideen, Gedanken und Ergebnisse. Bei Klärungsbedarf wird nachgefragt. Anschließend einigen sich die Gruppenmitglieder auf eine gemeinsame Ergebnisaussage, die im mittleren Feld als Gruppenergebnis notiert wird.

Ziel: Selbstständig präsentieren und informieren

Ganz Ohr sein (Expertenreise)

Nach Beendigung einer Gruppenarbeitsphase kann ein Kind zum Experten bestimmt werden, der den anderen Gruppen die erarbeiteten Ergebnisse vorstellt. Dabei reist er von Gruppe zu Gruppe, stellt das eigene Gruppenergebnis vor und beantwortet auftretende Fragen. Die Mitglieder der restlichen

Gruppe haben die Aufgabe, Mitschriften von den Darstellungen der Experten zu machen. Jede Gruppe hat am Ende die gesamten Ergebnisse (evtl. auch Rückmeldung zum eigenen Ergebnis, das der Experte mitgebracht hat). Das Gesamtergebnis kann z.B. als Plakat präsentiert werden.

Galerie

Das Klassenzimmer wird nach der arbeitsteiligen Gruppenarbeit zum Ausstellungsraum. Die Ergebnisdarstellungen der Gruppenarbeit werden möglichst weiträumig verteilt. Die Kinder haben nun die Aufgabe und Zeit, die Präsentation zu studieren, sich eigenständig zu informieren. Sie können an den einzelnen Stationen Rückmeldung an die Autorenteams geben. Dazu ist es sinnvoll, dass ein Mitglied der Gruppe an der betreffenden Station steht, um Erläuterungen geben zu können. Diese Kinder sollten sich abwechseln, so dass sie selbst auch die Galerie besuchen können.

Galerie-Rundgang

Das Klassenzimmer wird nach der arbeitsteiligen Gruppenarbeit zur Galerie (s.o.). Die Ergebnisdarstellungen werden möglichst weiträumig verteilt. Es werden nun Gruppen gebildet, mit je einem Teilnehmer aus den verschiedenen „Expertengruppen". Die Gruppen wandern von Station zu Station, der jeweilige Experte erläutert das Ergebnis seiner Gruppe und steht für eventuelle Rückfragen zur Verfügung.

Dialog

Nach einer Erarbeitungsphase sucht sich jedes Kind einen Partner und bespricht mit diesem die behandelte Thematik bzw. die erarbeiteten Ergebnisse der Aufgaben.

Marktplatz

Alle Kinder treffen sich am „Marktplatz" in ihrem Klassenzimmer und tauschen sich mit einzelnen Gesprächspartnern über ihr Wissen aus.

Ziel: Selbstständig vertiefen und üben

Quiz mit Lernkärtchen

In Einzel- oder Partnerarbeit werden Karteikarten mit Fragen (Vorderseite) und Antworten (Rückseite) zu einem Thema formuliert. Anschließend werden zwei Gruppen gebildet, die gegenseitig antreten. Die Lernkärtchen werden mit der Frageseite nach oben auf einen Stapel gelegt und wechselseitig abgefragt.

Lernplakate

Auf den zu erstellenden Lernplakaten sind wichtige Sachverhalte oder Lerntipps zusammengefasst. Diese Dokumentation der Arbeitsergebnisse erleichtert den Kinder die Kommunikation über ihr Wissen. Lernplakate dienen der Zusammenfassung und Visualisierung von Arbeitsergebnissen.

Ziel: Individualisierung ermöglichen

Der Fördertisch

Individuelles Arbeiten mit einem Kind kann an einer zusätzlichen Tischgruppe ermöglicht werden. Ein Zeichen weist die anderen Kinder darauf hin, dass im Moment die Aufmerksamkeit der Lehrerin nur diesem Kind gilt.

Das freie Angebot

Sind Kinder mit einer Arbeit fertig, können sie das freie Angebot nutzen. Hier wählen sie selbstständig aus unterschiedlichsten Wissensbereichen Lernmaterialien aus, für die sie sich interessieren. Dadurch wird selbst verantwortetes Lernen zusätzlich gefördert.

Die Ideenbörse

Um das Lernen lernen vielseitig zu unterstützen, kann eine Ideenbörse als Ergänzung zu den Inhalten der Woche eingerichtet werden. Sie beinhaltet u. a. Multimediabeiträge, Sachkarteien, Schülerbeiträge, Lernspiele, Forscheraufträge oder Bastelangebote.

Die Medienecke

Als Differenzierungsangebot kann der Computer zum Verfassen und Überarbeiten von Texten, als Nachschlagewerk, zur Informationsbeschaffung, zur Kontaktaufnahme und zum Arbeiten mit Lernspielen sinnvoll genutzt werden. Auch ergänzende Medien wie eine Digitalkamera, ein Scanner oder ein CD-Brenner sind zur Dokumentation von Arbeitsergebnissen oder zur Anfertigung von Schülerzeitungen hilfreich.

Ziel: Stille erleben

Das Leisedöschen

Zur Teamfähigkeit gehört die gegenseitige Rücksichtnahme. Die Arbeitsruhe ist Voraussetzung für eine kreative Atmosphäre. Das Leisedöschen wird z. B. geschüttelt, wenn sich ein Kind durch das Verhalten anderer gestört fühlt. Dazu füllt man eine Filmdose mit Reiskörnern.

Der Leisebär

Ein Kärtchen mit der Abbildung eines Bärchens kann jedes Kind als Anreiz bekommen, um sich besonders leise zu verhalten. Die Leisebärchen werden im Mäppchen liebevoll und stolz gesammelt. (KV 18 s. S. 59)

Die Psst-Karte

Kindern, die nicht merken, dass sie in der Konzentrationsphase stören, kann ein laminiertes Kärtchen zur Erinnerung auf die Bank gelegt werden, auf dem „Pssst!" oder „Bitte leise sein!" steht oder eine Figur, die den Finger auf den Mund legt. (KV 19 s. S. 59)

Entschuldigung

Es gibt Situationen, in welchen eine anschließende Entschuldigung für alle Beteiligten heilsam sein kann. Fällt in einer Stillarbeitsphase beispielsweise ein Lineal zu Boden, kann ein leises "Entschuldigung" bewirken, dass die Störung übergangen wird.

Der Leuchtturm

Will ein Kind während der Freiarbeit ungestört arbeiten, kann es als Abgrenzung ein vereinbartes Zeichen aufstellen.

Die stille Kerze

Sind die Kinder in Einzelarbeitsphasen besonders konzentriert an einem Gruppentisch, kann in ihre Mitte ein kleines Windlicht gestellt werden.

Der stille Stuhl

Schafft es ein Kind im Moment nicht, zur Ruhe zu kommen und mitzuarbeiten, darf es sich auf dem stillen Stuhl, der magische Kräfte besitzt, niederlassen. Er hilft, die innere Ruhe wiederzufinden. Wenn das Kind das Gefühl hat, wieder bereit zu sein, verlässt es ihn wieder.

Ziel: Die Hilfe im Team suchen

Die Helfer-Klammer

Sind Kinder mit einer Arbeit fertig, können sie sich für hilfesuchende Kinder bereithalten. Auf einem Plakat mit den dafür vorgesehenen Symbolen, beispielsweise einer Hand und einem Fragezeichen, können die Kinder ihre Namensklammer befestigen. So wissen sie, wer als Helfer zur Verfügung steht und wer Hilfe sucht. (KV 21 s. S. 59)

Der Hilfsbereitschaftsfisch

Nach der Lektüre des Regenbogenfisches kann der kleine Stofffisch eingeführt werden. Er wird Kindern verliehen, die unaufgefordert geholfen haben. Der Fisch wird auf die Bank des Kindes gelegt und von den Kindern selbst weitergegeben.

Helferengel

Kinder, die bereits mit ihrer Arbeit fertig sind, stehen als Berater für andere zur Verfügung. Dazu stecken sie sich eine Wäscheklammer mit einem Helferengel an. Somit können die anderen Kindern sie sofort erkennen und zur Hilfe bitten. (KV 20 s. S. 59)

Expertenkinder

Motto in der Organisation des Unterrichts ist es: „Wenn du nicht weiter weißt, überlege zunächst selbst, frage dann ein Expertenkind und zuletzt die Lehrerin". So gewinnt die Lehrerin zum einen Zeit zur Beobachtung und individuellen Förderung. Zum anderen ist der Unterricht nicht mehr lehrerzentriert. Die Kinder übernehmen selbst ein Stück Verantwortung für das Gelingen des Lehr- und Lernprozesses. Sie können bei der Arbeit an Stationen beispielsweise nach der erfolgreichen Bearbeitung einer Aufgabenstellung einen Zettel mit ihrem Namen beschriften. So wissen nachfolgende Kinder, wer schon Experte an dieser Station ist. (KV 25 s. S. 61)

Ziel: Selbstbestimmtes Lernen aufbauen

Die Tipp-Karten

Die übersichtliche und ansprechende Gestaltung von Hefteinträgen wird durch wenige Tipps hilfreich unterstützt. Die Tippkarten werden individuell jedem Kind angeboten oder visuell für alle Kinder bereitgestellt. (KV 22 s. S. 60)

KV 18: Der Leise-Bär	KV 19: Die Psst-Karte
KV 20: Helferengel	KV 21: Helfer-Klammer

KV 22: Tipp-Karten für einen Hefteintrag

- Schreibe in die erste Zeile
  die Nummer des Eintrags
  und das Datum.

1.	12. 10. 2006

- Schreibe in die zweite Zeile
  die Überschrift.
  Benutze dein Lineal zum
  Unterstreichen.

1.	12. 10. 2006
<u>Der Blitz</u>	

- Berichtige deine Wörter so:

- Streiche ein fehlerhaftes
  Wort mit Bleistift durch und
  berichtige.

~~renen~~ rennen

- Schreibe so:

Buch, S.   Nr.

KV 23: Die Checkliste

So schreibe ich richtig auf

Wort lesen

Wort vorstellen

Aufpassstellen: Stellen erkennen bzw. markieren

Wort aufschreiben und mitsprechen

Wort vergleichen und berichtigen

Die Checkliste

Das richtige Aufschreiben von Wörtern kann mit der Checkliste geübt werden. Die Einzelpositionen können bei der Einführung zusätzlich abgehakt und trainiert werden.

KV 24: Der Höflichkeitsbär	KV 25: Expertenkinder
Danke Bitte	Das kann ich:

Die Bibliothek

Die Selbstverantwortung für das Schreiben von Wörtern wird durch das ritualisierte Benutzen von Wörterbüchern und Nachschlagewerken gefördert. Die Kinder können sich bei jeder schriftlichen Arbeit aus der Bibliothek die entsprechenden Hilfsmittel holen.

Die 5 Minuten Extrazeit

Ein Kärtchen, mit der Aufschrift „5 Minuten Extrazeit" kann durch eine besondere Fleißaufgabe erworben und für eine Auszeit eingelöst werden. (KV 26 s. unten)

Die Verschnaufpause

Wenn sich ein Kind nicht mehr konzentrieren kann, darf es sich für ein paar Minuten zurückziehen. Im Klassenzimmer ist dafür ein besonderer Platz vorgesehen. Es kann vereinbart werden, dass nur ein Kind sich dort aufhält und nach kurzer Verschnaufpause wieder an seinen Platz zurückkehrt. (KV 27 s. unten)

| KV 26: 5 Minuten Extrazeit | KV 27: Die Verschnaufpause |

Ziel: Selbstbestimmtes Arbeiten zu Hause fördern

Mein Notebook

Eine wichtige Arbeitstechnik ist das Notieren der Hausaufgabe. Bei Eintragungen kann mit vielen Zeichen gearbeitet werden. So lernen die Kinder in Kurzform, Sachverhalte zu notieren und sie zu Hause umzusetzen. Auch das Aufschreiben von Notizen, die sich Kinder individuell merken wollen, wird dadurch angebahnt. Dabei können auch elektronische Notizbücher eingesetzt werden.

Selbstgewählte Hausaufgabe

An einem fest vereinbarten Wochentag (ein Tag im Monat) bekommen die Kinder keine von der Lehrerin gestellte Hausaufgabe, sondern werden aufgefordert, sich selbst eine Aufgabe zu stellen. Dies kann auf vielfältige Art und Weise geschehen. Nur der zeitliche Rahmen für das Anfertigen der Hausaufgabe wird auf ca. 30 Minuten beschränkt.

Den selbstgewählten Hausaufgaben gehen bewusst gewählte Entscheidungsfragen voraus, die die Selbstständigkeit und Selbstverantwortung des Kindes stärken. „Was mache ich? Habe ich das nötige Material? Brauche ich Hilfe? Mit wem arbeite ich?"

Die Würdigung und Reflexion über die selbstgewählten Aufgaben sollte in jedem Fall erfolgen.

Die Fingertipps

In jedem Finger einer Hand stehen die wesentlichen Kriterien, um sich einen Überblick über die zu bewältigende Arbeit zu verschaffen. Die Wiederholung eines Lernstoffes zum Beispiel als Vorbereitung für eine Klassenarbeit wird somit in überschaubares „Fingerfood" aufgeteilt. (KV 28 s. S. 64)

Die Hausaufgabentorte

Die Hausaufgabe wird wie bei einer Torte in Stücke eingeteilt. In einen skizzierten Kreis werden die einzelnen Hausaufgaben geschrieben. Die Größe der Tortenstücke, als Strich eingezeichnet, hängt von der geschätzten Zeit ab, die dafür benötigt wird. Sind die einzelnen Stücke „gegessen", kann überlegt werden, ob die Zeiteinteilung richtig eingeschätzt war und warum beispielsweise ein Stück doch größer wurde als geplant. (KV 29 s. S. 64)

KV 28: Die Fingertipps

Klassenarbeiten – Richtig vorbereiten

Verschaffe dir einen Überblick über das Thema der Arbeit.

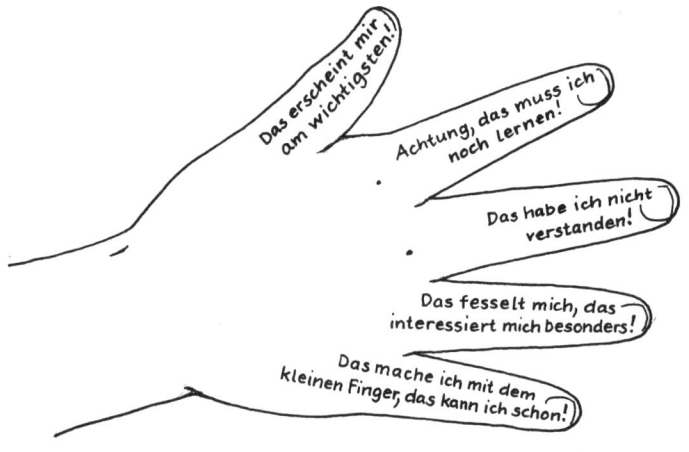

KV 29: Die Hausaufgabentorte

Teile dir die Hausaufgabe wie bei einer Torte in Stücke ein.
Schreibe die einzelnen Hausaufgaben in die Torte. Überlege dir,
wie lange du dafür brauchen wirst und zeichne die Größe des
Tortenstückes mit einem Strich ein.

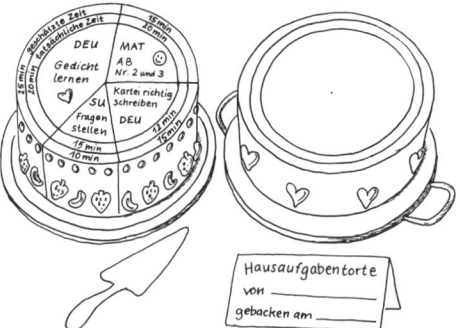

Wenn du alle Stücke „gegessen" hast, überlege noch einmal, ob du
die Zeiteinteilung richtig eingeschätzt hast, oder warum das Stück
doch größer wurde, als du geplant hattest.

Mein Schultaschencheck

Es sollte zur Gewohnheit werden, im Rahmen der Erziehung zur Eigenverantwortung die Schultasche zu überprüfen, ob die für den nächsten Tag erforderlichen Sachen eingepackt sind oder Verbrauchtes ersetzt wurde. Eine Liste zum Abhaken für jeden Tag, auf der alle relevanten Dinge bereits aufgereiht sind, ermöglicht in Verbindung mit dem Stundenplan einen schnellen Check.

Mein Fahrplan für Hausaufgaben

Gleich den Stationen bei einer Rallye werden auf einer Strecke von Beginn bis zum Ziel individuelle Tipps für das Kind notiert. Sie können zur Erinnerung als Plakat am täglich gleichen Hausaufgabenplatz hängen und unterstützen die Hausaufgabenzeit hilfreich. (Spielplan s. S. 66)

Spielregeln zur Hausaufgabenrallye

Start: Zu Beginn etwas Leichtes! Du darfst das Spiel nur mit einer
     1 , 2 , oder 3 beginnen.

A   Du hast dir für den Anfang zuviel vorgenommen. Ziehe erst weiter, wenn du eine 1 oder 2 gewürfelt hast.

B   Abwechslung ist wichtig! Du hast zwei verschiedene mündliche Hausaufgaben ohne Pause hintereinander gemacht. Das kann nicht gut gehen! Gehe zurück auf Feld 2 und und wechsle die Tätigkeiten ab.

C   Was ist denn das? Spielzeug auf dem Arbeitsplatz! Räume es schnell weg und stelle deine Figur zurück auf Feld 2.

D   Du hast bisher gut gearbeitet und eine Entspannung verdient. Rücke vor auf Feld 4.

E   Du solltest besser Mineralwasser trinken als diesen gezuckerten Saft! Jetzt kannst du dich nicht konzentrieren und du hast unnötig Fehler gemacht. Also noch mal! Zurück auf Feld 3!

F   Jetzt bist du gleich fertig mit deinen Hausaufgaben. Es wäre schade, wenn du zum Schluss schlampig arbeitest. Ziehe erst weiter, wenn du eine 2 gewürfelt hast.

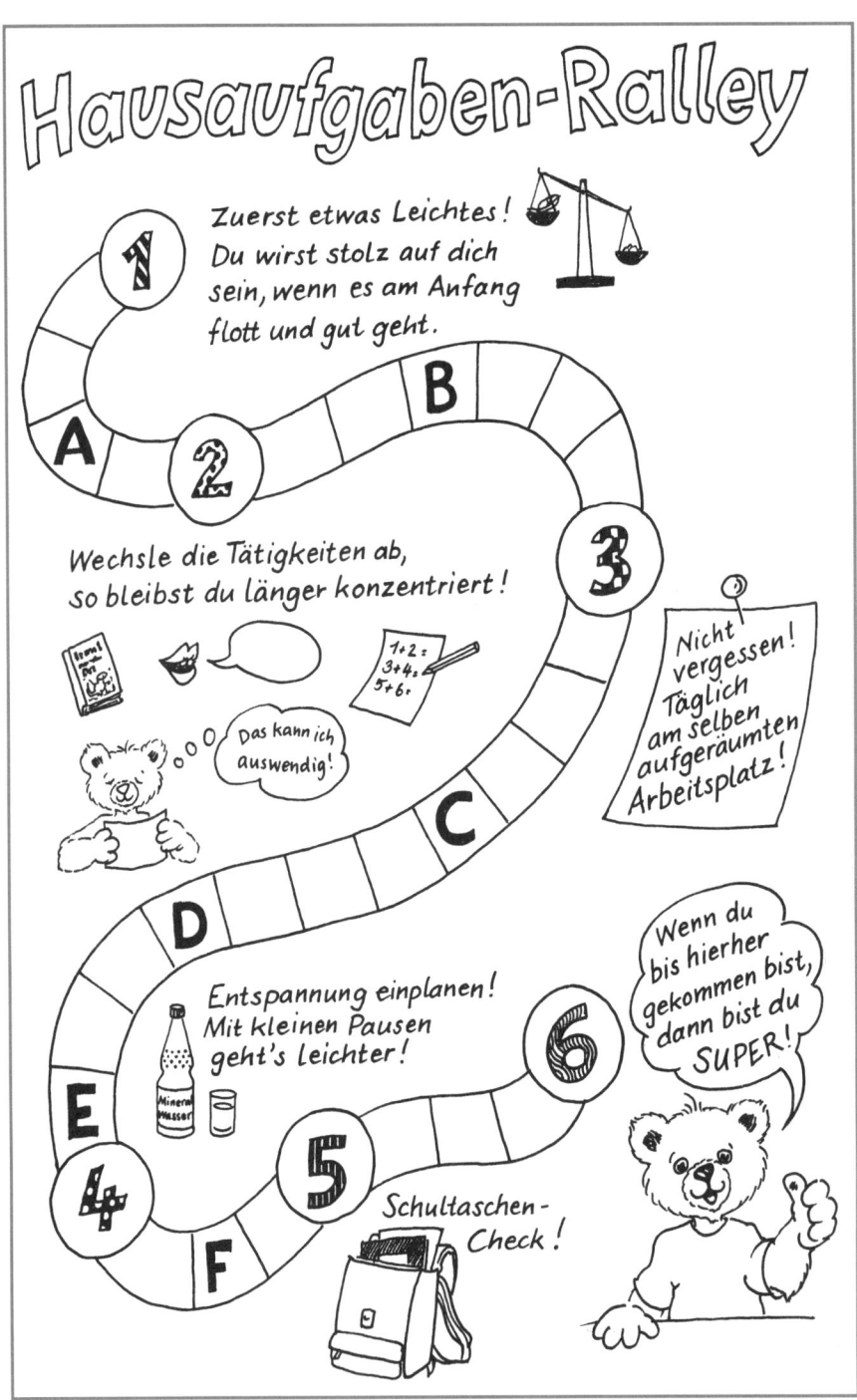

© Oldenbourg Schulbuchverlag GmbH, PRAXIS Bibliothek 254, Hilfreiche Rituale im Grundschulalltag

Die Hausaufgaben-Hitparade

Um sich einen Überblick der anstehenden Haus- und Übungsaufgaben zu verschaffen, ist die Aufstellung der einzelnen Arbeiten gleich einer Hitliste hilfreich. Die Aufgaben werden auf Kärtchen geschrieben und je nach Vorliebe auf die nummerierten Plätze gelegt. Die selbst bestimmte Reihenfolge richtet sich nach Schwierigkeitsgrad, persönlicher Vorliebe oder Umfang.

Ziel: Fachbezogenes Lernen ermöglichen

In jedem Fachbereich können eigene Lernstrategien aufgebaut und mit Hilfe vielfältiger Methoden Themen weitgehend selbstständig erarbeitet werden.

Ziel: Die Welt der Buchstaben erforschen

Übungen zur Phonologischen Bewusstheit

Der Erfolg eines Kindes beim Lesen und Schreiben lernen hängt davon ab, inwieweit es das alphabetische Prinzip der Schriftsprache versteht. Untersuchungen haben gezeigt, dass die phonologische Bewusstheit dabei eine große Bedeutung für den Prozess des Schriftspracherwerbs hat. Man versteht darunter, die Fähigkeit sich mit der Lautstruktur der gesprochenen Sprache auseinanderzusetzen, z.B. Silben, Reime oder einzelne Laute in Wörtern herauszuhören. Spielerische Übungen zur phonologischen Bewusstheit sollten im Anfangsunterricht des Schriftspracherwerbs immer wieder eingebaut werden.

Lauschspiele

Spiele, die das Hören der Kinder aktivieren, richten die Aufmerksamkeit der Kinder auf Geräusche und Laute der Umgebung. Geräusche in der Umgebung können mit geschlossenen und offenen Augen gehört werden. Die Kinder sitzen dazu im Kreis. Die Lehrerin oder ein Kind macht ein oder mehrere Geräusche bei geschlossenen Augen der Zuhörer vor. Die Hörer versuchen alle Geräusche zuzuordnen.

Sätze bauen

Jedes Kind erhält Bauklötze. Die Lehrerin oder ein Kind spricht einen kurzen Satz vor. Aufgabe ist es nun, den Satz mit Klötzen zu legen. Jeder Klotz steht für ein Wort.

Die Anlauttabelle

Der sprachliche Entwicklungsstand der Kinder differiert stark zu Beginn der Schule. Mit dem entwicklungsorientierten Ansatz im Schriftspracherwerb starten die Kinder zu unterschiedlichen Zeitpunkten mit dem Lesen, sobald sie die Synthese verstanden haben. Das Lesen ist ein Produkt des Verschriftens der Wörter. Das lautgetreue Verschriften von Wörtern mithilfe der Anlauttabelle bildet somit die Basis des Schriftspracherwerbs. Dabei ist es aber sehr bedeutsam, dass die Kinder intensiv in den Gebrauch der Anlauttabelle eingeführt werden. Spiele mit der Anlauttabelle setzen in den ersten Wochen einen Schwerpunkt im Rahmen des Schriftspracherwerbs.

Die Buchstaben-Geburtstagsreise

Anregend ist, wenn jeder Buchstabe mit einer Rahmengeschichte eingeführt wird, die strukturell immer gleich aufgebaut ist und für die Kinder einen hohen Wiedererkennungswert hat. Schon nach kurzer Zeit spielen die Kinder Buchstabenforscher und sind immer wieder gespannt darauf, wer an diesem Tag als Erster den neuen Buchstaben oder Laut entdeckt.

Die Buchstabenwerkstatt

Um den unterschiedlichen Lerntypen der Kinder und allen Sinneskanälen entgegenzukommen, helfen die Angebote in der Werkstatt beim Erlernen der Buchstaben. Die Kinder entdecken mit Hilfe immer wiederkehrender Übungen auch eigene Lernwege und entwickeln Strategien zum selbstständigen Lernen und Arbeiten. Im Folgenden werden mögliche Angebote aufgezeigt.

Der Buchstabenfresser

Die Kinder bringen Dinge mit, die mit dem Buchstaben der Woche beginnen. Sie füttern damit den Buchstabenfresser, einen entsprechend bemalten Stoffbeutel. Anschließend erfühlen, erraten oder betrachten sie die Dinge und schreiben die Wörter.

Die Fühlbox

In einer Schachtel mit Öffnung befinden sich alle bisher erforschten Buchstaben. Die Kinder können die Buchstaben ertasten, benennen und zur Kontrolle aus der Kiste ziehen.

Die Buchstabenjagd

Kinder benennen Gegenstände und hören auf die einzelnen Laute. Entdecken sie den neuen Buchstaben, kleben sie einen Punkt darauf.

Buchstabenforscher

Auf einen vergrößerten Text legen die Kinder farbige Reiskörner an die Stelle, an denen sich der neue Buchstabe befindet.

Das ABC-Backbuch

Zur Einführung jedes Buchstabens kann ein Kuchen gebacken werden. Die Kinder rätseln, wie der neue Kuchen schmecken und heißen wird. Sie erhalten das Rezept und sammeln es in einer Mappe. Sind alle Buchstaben eingeführt, werden die Rezepte alphabetisch geordnet und zu einem besonderen Backbuch gebunden.

Spuren im Sand

Eine Pflanzkiste wird mit Vogelsand gefüllt. Die Kinder können den Buchstaben mit dem Finger in den Sand schreiben.

Die Buchstabenfabrik

Buchstaben können von den Kindern auf vielfältige Weise selbst hergestellt werden. Das dazu benötigte Material, wie zum Beispiel Salzteig, Knetmasse, Wolle, Pfeifenreiniger, Fundstücke, Papiere oder Stoffe finden sie in der Fabrik.

Die Buchstabenfahrt

Die Form der Buchstaben darf mit einem Rollbrett im richtigen Bewegungsablauf nachgefahren werden. Die Kinder treten eine Reise an, deren Route vorgegeben ist oder selbst gewählt wird.

Buchstabenturnen

Die Kinder versuchen zusammen mit Partnern, die Buchstaben mit ihren Körpern auf einer Matte darzustellen.

Buchstabengehen

Die Buchstabenform kann großformatig auf dem Boden mit Kreide, Klebestreifen, Tauen oder Bändern vorgegeben werden. Die Kinder können den Buchstaben im richtigen Schreibbewegungsablauf nachgehen, hüpfen, balancieren oder barfuß ertasten.

Der Buchstabendschungel

Auf eine weiße Fläche schreiben die Kinder den neuen Buchstaben mit unterschiedlichsten Schreib- und Malwerkzeugen im richtigen Bewegungsablauf auf. Dabei entsteht ein fantasievoller Dschungel.

Das Buchstabenpuzzle

Die Kinder legen die Buchstabenform aus einzelnen Formelementen nach.

Die Zaubertafel

Die Kinder schreiben die Buchstaben mit einem Spezialstift auf die weiche Fläche ihrer Zaubertafel. Ist der Buchstabe noch nicht auf Anhieb geglückt, kann er „weggezaubert" werden.

Die Buchstabendetektive

Aus Zeitungen und Wörtern wird der neue Buchstabe gesucht, ausgeschnitten und auf Papier geklebt. Die entstandenen Buchstabenbilder sammeln die Kinder anschließend im Buchstabenbuch.

Die Buchstabenaktionen

Zu vielen Buchstaben kann in der Werkstatt eine Aktionsecke aufgebaut werden. Der Buchstabe regt vielleicht zum Essen von Mondplätzchen mit Marmelade oder dem Schreiben mit einer Mütze auf dem Kopf an.

Ziel: Zum Lesen motivieren durch eine anregende Leseumgebung

Zur Gestaltung einer anregenden Leseumgebung gehört auch, dass die Ergebnisse eines handlungs- und produktionsorientierten Umgangs mit Texten sichtbar werden. In einer Bildergalerie hängen z.B. die Zeichnungen der Kinder zu der gelesenen Lektüre. Vielleicht liegen ihre Fortsetzungsgeschichten, die in Büchern zusammengeheftet sind, aus oder ihre selbst gestalteten Minibücher. Die Kinder erstellen Plakate zu Büchern und Autoren oder schreiben Rezensionen, die in Lesetagbüchern zusammengefasst werden.

Lesenischen

Eine gemütliche Umgebung ist wichtig, um sich zum Lesen zurückzuziehen. Eine im Klassenzimmer eingerichtete Nische bietet den Kindern Platz, Ruhe und Anregung zum Lesen.

Freie Lesezeit

Neben der gemeinsamen Arbeit mit Texten sollte den Kindern eine Zeit gewährt werden, in der sie im eigenen Tempo, nach ihren persönlichen Interessen und eigenen Möglichkeiten lesen können. Die Phase der freien Lesezeit kann mit einer Vorlesephase der Lehrerin oder eines Kindes eingeleitet werden.

Stilles Lesen

Das Schild „Stilles Lesen" an der Tafel gibt den Kindern den Hinweis, sich still mit einer individuell gewählten Lektüre oder mit Lesetexten zu beschäftigen. Dies geschieht in einer sehr ruhigen und entspannten Atmosphäre. Die Schüler dürfen sich ihre bevorzugten Leseplätze frei wählen. Während der Phase des „Stillen Lesens" wird nicht gesprochen.

Das Schultaschenbuch

Jedes Kind hat in seiner Schultasche ein Buch seiner Wahl dabei. In diesem Buch kann am Morgen und während des Unterrichts nach Beendigung einer Arbeit weitergelesen werden.

Schultaschenbücher können bei Gelegenheit im Plenum vorgestellt werden und dienen zur Anregung.

Das Buch in der Kiste

Die Kinder wählen sich ein Buch aus. Sie gestalten in einer Kiste (Schuhkarton), eine Szene mit den Handlungsträgern der Geschichte. Bei der Gestaltung sind der Kreativität und dem Einfallsreichtum keine Grenzen gesetzt. Ein selbst verfasster Klappentext kann ebenfalls eingebaut werden. Die kreative Gestaltung der Kiste soll den Leser neugierig auf das Buch machen.

Ziel: Die Lesefertigkeit steigern

Im Leseladen

Die Kinder suchen nach immer neuen Leseanreizen und arbeiten inzwischen durch ritualisierte Techniken im Umgang mit dem Lesestoff zunehmend eigenständig. Desto gründlicher die verschiedenen Möglichkeiten eingeführt sind, desto eher konzentrieren sich die Kinder selbstständig auf das eigentliche Lesen und entwickeln ihre Strategien.

Die Lesenase

Wer seinen Text richtig gelesen hat, bekommt einen farbigen Punkt mit Kreide auf die Nase gemalt.

Die Lesesterne

Sterne mit Differenzierungsaufträgen hängen im Laden und werden bei Bedarf von den Kindern geholt. (KV 34 s. S. 84)

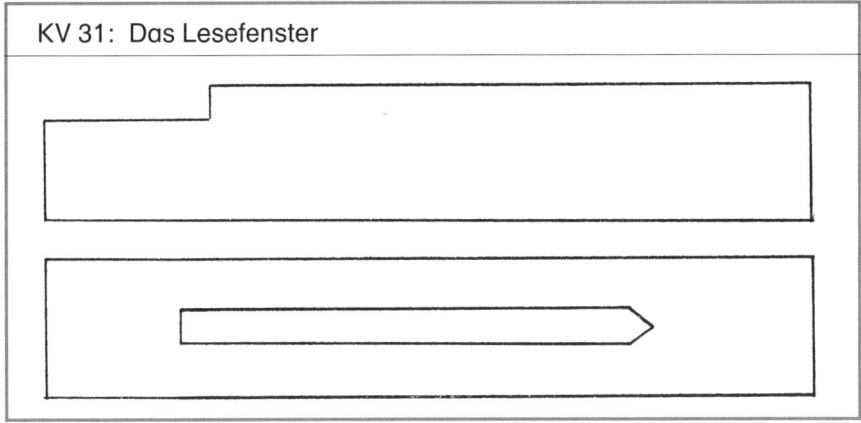

Der Lesefinger

Der Laden bietet die Möglichkeit für jedes Kind, sich als Ergänzung zum eigenen Lesefinger seine individuelle Lesehilfe auszusuchen. Das können Zeilenkärtchen, Lesezeichen, Lesefenster oder Wortkrokodile sein. Sie erleichtern die Orientierung beim Lesen. (KV 31 s. oben)

Das Leseangebot

Im Ladenregal können die Kinder illustrierte Textblätter oder Bücher ausleihen und das selbstständige Erlesen durch einen Stempel in ihrem Leseausweis dokumentieren. (KV 35 s. S. 84)

Der Satz des Tages

Wörter werden verteilt angeboten. Die Kinder bilden daraus einen Satz des Tages, den sie nach unterschiedlichen sprachlichen Kriterien untersuchen.

Die Schatzsuche

In Briefumschlägen finden die Kinder Anweisungen, um den Schatz der Woche zu entdecken. Die Leseaufträge können einzeln oder mit Partnern zum Ziel führen. Um die Arbeit im Team zu fördern, steht z. B. der Lösungssatz auf Puzzleteilen, die von den Gruppen erst zusammengefügt werden müssen.

Das Lesefrühstück

Am Morgen können sich die Kinder mit ihrem Partner einen Lesetext wählen und ihn an einem Platz in oder außerhalb des Klassenraumes abwechselnd erlesen. Die Partner hören einander zu und helfen sich. Auf dem Lesefrühstücksblatt tragen sie den Titel ein.

Das Lesestudio

Ist Lesestudiozeit, können sich die Kinder aus der Lesekiste mit Lesefutter versorgen. Die Texte werden der Lehrerin, den Lesemamas oder den Paten einzeln vorgelesen. Für die Teilnahme am Lesestudio erhalten die Kinder einen Stempel in ihren Leseausweis. (KV 35 s. S. 84)

Das Lesetagebuch

Die Verbindung von Lesen und Schreiben lässt sich durch Lesetagebücher nachhaltig unterstützen. Die Kinder tragen in ihr Lesetagebuch Titel, Autor und den Verlag ein und sollten mindestens drei Sätze dazu aufschreiben. Desweiteren haben die Kinder folgende Möglichkeiten:

zur gelesenen Lektüre etwas malen;

aufschreiben, wie ihnen das Buch gefallen hat;

einen anderen Schluss zu finden;

aufschreiben, welche Person aus dem Buch man selbst sein möchte und erklären weshalb; eine spannende oder witzige Stelle abschreiben;

etwas aufschreiben, was man sich merken möchte.

Ich bin dein Lesetagebuch

Hier gebe ich dir Tipps,
was du mit mir machen kannst:

- Du notierst von jedem Buch, das du gelesen hast:
  den Titel, den Autor und den Verlag
- Schreibe zu jedem Buch, nachdem du es gelesen hast, ein paar Sätze auf.

Das kannst du auch noch tun:

- etwas Passendes dazu malen
- deine Meinung zum Buch aufschreiben
- ein anderes Ende zu deinem gelesenen Buch erfinden und aufschreiben
- Dinge suchen und aufkleben, die zu deinem Buch passen
- etwas notieren, das dir beim Lesen eingefallen ist
- etwas aufschreiben, das du dir merken möchtest
- die Hauptfiguren beschreiben und zeichnen

Einfache Version eines Lesetagebuches

Titel:
Autor/in:

Mein Bild zum Buch

Name:	Datum:	So hat mir das Buch gefallen:
		😊 😐 ☹️

Die Leseeule

Nimmt sich ein Kind die Eule mit nach Hause, hat es sich dazu entschieden, eine Geschichte für die Klasse einzuüben, um sie ihr vorzulesen.

Die Hörgeschichten

Gute Leser dürfen sich eine Geschichte auswählen und ihren Lesevortrag auf Kassette aufnehmen. Kinder, die noch nicht so gut lesen, hören sich die Geschichte an und versuchen anschließend selbst, sie zu erlesen.

Das Tauschbuch

Je nach Klassenstärke können entsprechend viele Bücher angeschafft werden, die zu einer bestimmten Zeit in der Klasse getauscht und zu Hause gelesen werden. Damit die Bücher nicht verloren gehen, können sie an einem Band aufgehängt werden.

Das Wanderbuch

Die Klasse wählt sich ein Buch, aus dem täglich ein Kind vorliest. Je nach Lesevermögen können einige Seiten daraus vorbereitet werden. Dazu geht das Buch auf Wanderschaft mit nach Hause.

Die Lektüre im Lesekreis

Die Kinder finden sich dazu in Gruppen zusammen, die jeweils ein Buch auswählen und gemeinsam lesen. In wöchentlich festgelegten Lesekreiszeiten lesen und tauschen sich die Kinder einer Gruppe über das Gelesene aus, arbeiten zu dem gewählten Buch (zeichnen zu Inhalten, notieren Zusammenfassungen oder schreiben z.B. an der Geschichte weiter). Ziel der Arbeit ist eine Präsentation der Ergebnisse im Rahmen einer Buchvorstellung für die anderen Kinder der Klasse.

Der Lesethron

Die Kinder gestalten einen Stuhl als Lesethron. Derjenige, der vor der Klasse liest, kann sich auf diesen Platz setzen.

Meine Meinung

Im Anschluss an das Lesen eines Buches notieren die Kinder auf einem Bewertungsblatt ihr Urteil über das Gelesene. Die Blätter werden in einem Ordner gesammelt und dienen der Orientierung für andere Leser. (KV 32 s. S. 77)

Die Leseraupe

Um einen Leseanreiz zu schaffen, schreiben die Kinder Titel und kurze Inhaltsangaben auf Papierkreise, heften sie aneinander und lassen dadurch eine Leseraupe an der Wand wachsen.

KV 32: Meine Meinung / Buchbewertung

Name/Datum: _____

Titel des Buches: _____

Autorin/Autor: _____

Illustratorin/Illustrator: _____

Verlag: _____

Seitenzahl: _____

☐ Sachbuch   ☐ Märchen   ☐ Erzählung

☐ Bilderbuch   ☐ Tierbuch   ☐ Detektivgeschichte

Das passiert in dem Buch: _____

_____

_____

Mein Urteil: _____

Mir gefällt an dem Buch, dass _____

_____

_____

Mir gefällt an dem Buch nicht, dass _____

_____

_____

_____

Punkte 😊 10 – 1 ☹ _____

Ich würde das Buch empfehlen, weil _____

_____

_____

Lesestraße

Nach dem Vorlesen oder gemeinsamen Lesen einer Geschichte werden die Bilder dieser Geschichte an die Wand geheftet. Die Kinder haben nun die Möglichkeit, mit einem Partner die Lesestraße entlangzugehen und sich inhaltlich zum Gehörten bzw. Gelesenen auszutauschen.

Ziel: Lesekompetenz fördern

Lesekompetenz kann durch Lesestrategien unterstützt werden. Diese Strategien beziehen sich auf die Wort-, Satz- und Textebene.

Der Lese-Drei-Sprung

Mit Hilfe dieser Lesetechnik gelingt es den Kindern, einen Text mit vergleichsweise wenigen Worten inhaltlich richtig aufzunehmen, wiederzugeben und zu behalten. Die Kinder lernen die einzelnen Schritte nacheinander anhand eines Textes kennen und haben die Möglichkeit diese zu üben.

1. Schritt: **Nachschlagen:** Text lesen: Unbekannte Wörter markieren und nachschlagen.
2. Schritt: **Markieren:** Text noch einmal lesen, wichtige Wörter suchen und markieren.
3. Schritt: **Schnell lesen:** Wichtige Wörter noch einmal lesen und einprägen.

Der rote Faden

Nach dem mehrmaligen Lesen einen Textes werden wichtige Wörter markiert.Diese Leitwörter werden mithilfe eines roten Fadens verbunden. Die Leser zeichnen den roten Faden in ihren Text ein. Er dient als Unterstützung bei der Wiedergabe des Inhalts.

Texte erfragen

Nach dem Lesen eines Textes formuliert der Leser W-Fragen, auf die der Text Antwort gibt. So wird Informationen ermittelndes Lesen geschult.

Der Text sagt mir:

Wer?
Wie?
Was?
Wozu?
Warum?

Lesekonferenz

In einer anschließenden Gesprächsrunde (Kleingruppe oder im Plenum) tauschen sich die Kinder über den Inhalt (anhand von Leitfragen) und Gehalt des Gelesenen aus. Verständnisschwierigkeiten werden dabei geklärt.

Ziel: Freude am Schreiben entwickeln

Im Schreibbüro

Im Schreibbüro werden die Kinder auf vielfältige Weise dazu angeregt, eigene Texte zu verfassen und ein Gespür für das Richtigschreiben zu entwickeln. Dabei helfen immer wiederkehrende Angebote den Kindern, Sicherheit im Umgang mit der Sprache zu erlangen. Das Vertrautwerden mit Schreibritualen leitet die Kinder auch zu eigenverantwortlichem Umgang mit Fehlern an.

In der Schreibwerkstatt

In der Schreibwerkstatt erhalten die Kinder Anregungen und Impulse zum Verfassen von eigenen Texten. Sie können selbstständig entscheiden, ob sie alleine oder mit einem oder mehreren Kindern zusammen eine Geschichte, einen Sachtext oder ein Gedicht verfassen. (KV 33 s. S. 80 – 82)

Lieblingswörter

Um eine individuelle Sammlung an Wörtern zu erhalten, können die Kinder für sie bedeutsame Wörter, ihre Lieblingswörter, sammeln. Daraus entsteht ein persönliches Wörterbuch, das als Grundlage für Schreibanlässe dient.

KV 33: Angebote der Schreibwerkstatt (S. 80 – 82)

Kurzgeschichte

- Du kannst deine Gedanken zu deinem Bild in einer Kurzge-
  schichte aufschreiben.
- Schreibe deine Geschichte in sechs Sätzen auf.
- Verwende für deine Geschichte die folgenden Satzanfänge
  (Achte auf die Reihenfolge).

1. Ein/Eine ...   (1. Satz)
2. In ...   (2. Satz)
3. Als ...   (3. Satz)
4. Jeder/Jede ...   (4. Satz)
5. Aber ...   (5. Satz)
6. Trotzdem ...   (6. Satz)

Mit den Händen lesen

Zwei Wolken treffen sich am Himmel.

Sie beschließen, gemeinsam eine Reise zu unternehmen.

- Was könnten die Wolken alles erleben?
- Auf ihrer Reise entdecken die Wolken viele Dinge und lernen
  eine Menge Freunde kennen.
- Ertastet reihum einen Gegenstand aus dem Fühlsäckchen.
  Erzählt die Geschichte in der Gruppe weiter.
- Ihr könnt sie auch aufschreiben.
- Tipp: Gestaltet ein Fühlbuch.

Fenstergeschichten

- Stell dich ans Fenster und schaue hinaus.
- Was entdeckst du?
- Überlege dir eine Geschichte und schreibe sie auf.

Geschichten aus dem Glas

- Suche dir einen oder mehrere Gegenstände aus dem Glas aus.
- Was entdeckst du?
- Überlege dir eine Geschichte und schreibe sie auf.

Kurzroman

Ein Kurzroman ist eine Geschichte, die nur aus vier Sätzen besteht. Die Satzanfänge sind vorgegeben.

So schreibst du einen Kurzroman:

1. Ziehe aus der Dose 1 einen Satzanfang und schreibe gleich deinen Satz auf dem Blatt zu Ende.
2. Das Gleiche geschieht mit Dose 2, 3, 4.

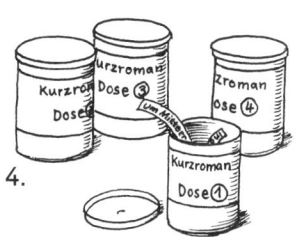

Satzanfänge für Kurzromane

Es war einmal…

Im Morgengrauen…

Als ich letzte Woche meine Oma besuchte…

Draußen war es schon dunkel…

Um Mitternacht…

In der großen Pause…

Neulich in der Stadt…

An einem sonnigen Frühlingstag…

An einem nebligen Novembertag…

Kurz nach dem Abendessen…

Plötzlich…

Ein Hund…

Auf einmal…

Mitten auf der Wiese…

Feuer…

Ein leises Klopfen…

Gerade als…

Im selben Augenblick…

Er kam…

Er/Sie hörte auf…

Er/Sie/Es schwamm…

Er/Sie/Es weinte…

Lautes Brummen…

Deshalb kam sie…

Er rannte…

Ich atmete auf…

Endlich hatte ich…

Zum Glück…

Fröhlich…

Zu meiner Erleichterung…

Überglücklich…

Geschafft!…

Es wäre besser gewesen…

Kurzroman Dose 1

Kurzroman Dose 2

Kurzroman Dose 3

Kurzroman Dose 4

Themenbücher

Sätze oder Geschichten können aus verschiedensten Anlässen entstehen und zu Büchern gebunden werden. Es können Tage-, Monats- oder Jahreszeitenbücher, Klassentagebücher, Sachbücher oder Ich-Bücher entstehen. Diese können Grundlage zu individueller Wortschatzarbeit sein.

Der Geschichtenkreis

Der Geschichtenkreis ist zum einen Veröffentlichungsforum und zum anderen eine Lernsituation, in der die Kinder gemeinsam an geschriebenen Texten arbeiten. Hat das Autorenkind seinen Text vorgelesen, spenden ihm die Zuhörer zunächst Lob und Anerkennung für seine Arbeit. In der nun folgenden Kritikphase wird gemeinsam an der Geschichte gearbeitet. Die Kritiker können beispielsweise anmerken, dass sie einen Satz nicht verstanden haben und es sinnvoll wäre, diesen genauer zu formulieren.

Die Schreibkonferenz

Die selbsttätige Auseinandersetzung und Überarbeitung von Texten kann in Schreibkonferenzen erfolgen. Dazu werden die geschriebenen Texte in Gruppen nach verschiedenen Kriterien besprochen und gemeinsam überarbeitet. Die Kinder erweitern ihre Sprachkompetenz durch eigenverantwortlichen Umgang mit dem Geschriebenen. Anschließend werden die weiterentwickelten Texte der Klasse vorgestellt und besprochen.

Ziel: Rechtschreibstrategien entwickeln

Die Prüfwerkstatt

Sind Kinder bei der Schreibweise von Wörtern unsicher, können sie in der Prüfwerkstatt nachsehen. Dort finden sie Tipps zu Rechtschreibstrategien, die ihnen weiterhelfen. (KV 36 s. S. 84)

KV 34: Der Lesestern	KV 35: Der Leseausweis

KV 36: Plakat

Wörter merken

Kinder können sich neue Wörter besser einprägen, wenn ihnen schwierige Stellen bewusst sind. Nicht das innere Fotografieren führt zum besseren Einprägen, sondern die Bewusstheit über mögliche Stolperstellen im Wort. Zu Beginn der Phase des Einprägens erscheint es sinnvoll, Kindern Strategien an die Hand zu geben. Dies kann als Lernplakat für alle sichtbar im Klassenzimmer hängen oder als persönliches Merkblatt jedem Kind einzeln zur Verfügung stehen.

KV 37: So merke ich mir neue Wörter

Meine Tipps:

	1. Ich lese das Wort genau.
	2. Ich schreibe das Wort auf meine Karteikarte.
	3. Ich überlege, wo die Aufpassstellen im Wort sind, und markiere sie. Ich überlege, ob ich sie erklären kann.
	4. Ich drehe die Wortkarte um.
	5. Ich denke an die Aufpassstellen im Wort.
Bärchen Bär	6. Ich spreche und schreibe das Wort. Ich spreche in Silben, wenn nötig.
	7. Ich decke die Wortkarte auf und kontrolliere.
	8. Habe ich das Wort richtig geschrieben? Dann erhält es einen ✓.
9. 3.	9. Ist ein Fehler im Wort, schaue ich genau und beginne mit Schritt 3.

Die Lernbox

Wortkärtchen können von den Kindern in einer Lernbox gesammelt und geübt werden. Die verschiedenen Fächer zeigen den Grad der Beherrschung der Wörter an. Die Kinder diktieren sich die Übungswörter selbst oder ihrem Partner. Zu bestimmten Rechtschreibfällen werden Wörter aus der Sammlung gesucht und unter diesem Blickwinkel geübt.

Das stumme Diktat

An die Tafel werden Bildkarten gehängt oder Gegenstände gemalt. Die Kinder schreiben diese Wörter auf. Durch pantomimische Darstellung können auch Verben diktiert werden.

Der Rechtschreibprofessor

Kinder werden zu Rechtschreibprofessoren ernannt. Sie entdecken und markieren schwierige Stellen bei Wörtern an der Tafel.

Rechtschreibgespräch

Nach dem Aufschreiben einer Geschichte oder eines Textes besprechen die Kinder im Team, die Schreibung schwieriger Wörter.

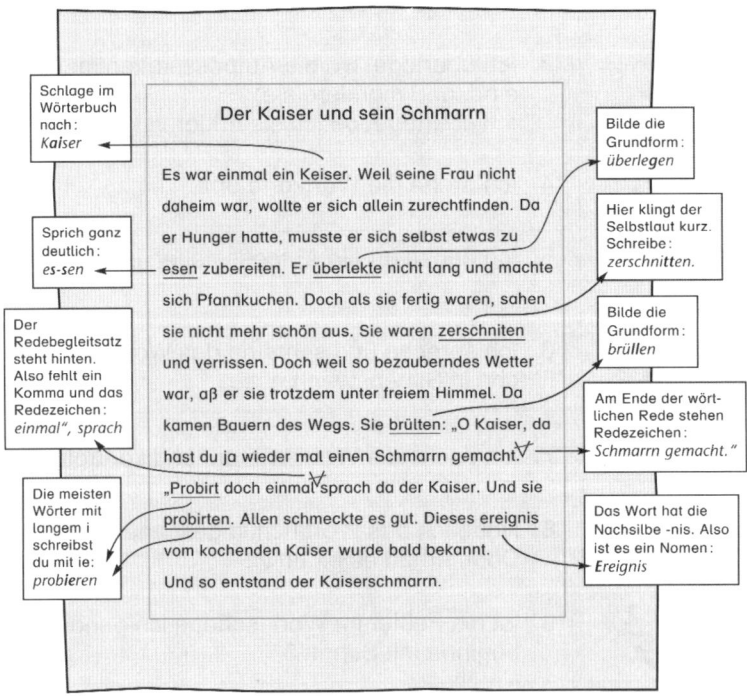

aus: Erlebnis Sprache 4 © 2003 Oldenbourg Schulbuchverlag GmbH, München, Düsseldorf, Stuttgart. S. 109

Ziel: Sich in der Welt der Zahl zurechtfinden

Die Rechentheke

An der Rechentheke finden die Kinder vielfältige Möglichkeiten, um selbstbe-stimmt und differenziert zu üben und die Welt der Zahlen zu durchdringen. Anschauungshilfen, Lernspiele, Rechenmaterialien, Aufgabenkarten mit Selbstkontrolle oder Rechenkarteien liegen sowohl zu aktuellen als auch zu bereits erarbeiteten Inhalten für die Kinder bereit. Diese Angebote sind auf einem Bestellformular aufgeführt und die davon erledigten Aufgaben werden von den Kindern abgehakt.

Sachaufgabenbären

Um eine Struktur in den Lösungsprozess von Sachaufgaben zu bringen, kön-nen die Bären mit dem entsprechenden Symbol hilfreich sein.

KV 38: So löse ich eine Sachaufgabe

Lesen   Untersuchen   Frage

Rechnung   Antwort

Rechentagebücher

Hier können die Kinder ihre Gedanken und Entdeckungen zu Aufgaben dokumentieren, aber auch neue Aufgaben erfinden. Auch Rückblicke über längere
Unterrichtsabschnitte schreiben die Kinder auf. Diese „Tagebücher" geben
vielfältige Informationen über Denkweisen und Lernwege der einzelnen Kinder.

Zahlenforscherheft

In diesem Heft notieren die Kinder ihre persönlichen Entdeckungen mit Zahlen. Sie sammeln „interessante Zahlen", Rechnungen, schneiden sie aus und
kleben sie ein. Individuelle Bemerkungen und Kommentare ergänzen die Forschungen zu Zahlen.

Die Bärenmaske

Um die volle Konzentration auf die zu lösende Kopfrechenaufgabe zu bündeln,
dürfen die Kinder Bärenmasken aufsetzen. Die Lösungen zu gestellten Aufgaben zeigen die Kinder durch ihre Finger an. Ein falsches Ergebnis kann dem
Kind durch Antippen mitgeteilt und so individuell nochmals überprüft werden.

KV 39: Die Bärenmaske

Aufgaben-Fangen

Jedem Kind kann ein Aufgabenkärtchen am Rücken befestigt werden. Während sie sich im Raum bewegen, versuchen die Kinder möglichst viele Aufgaben zu erlesen. Diese werden auf dem Platz notiert und gelöst.

Das Zahlenteufelchen

Eine Fingerpuppe rechnet von der Lehrkraft gestellte Aufgaben richtig, aber auch falsch. Die Kinder rechnen mit. Entdecken sie einen Fehler, heben sie zwei Finger als Teufelshörner. Zur Kontrolle für schwächere Rechner bewegt sich die Fingerpuppe nachvollziehbar auf einem Zahlenfeld oder -strahl.

Denkaufgabe der Woche

Ein besonderer Anreiz für die Kinder ist die Denkaufgabe der Woche. Sie befindet sich an einem festgelegten Platz und fordert die Kinder zum Knobeln heraus. Dies kann allein im Team oder mit einem Partner geschehen. Unterschiedlichste Aufgabenstellungen aus dem Bereich der Arithmetik oder Geometrie gehören dazu. Die Denkaufgabe kann von Kindern im Rahmen der Wochenplanarbeit oder in Phasen offenen Unterrichts bearbeitet werden. Wer die Aufgabe gelöst hat, trägt seinen Namen und das Datum auf einer vorbereiteten Liste ein.

Die Rechenkonferenz

Die Schüler notieren die Bearbeitung der Aufgabe möglichst groß auf ein Blatt Papier. Sinnvoll erscheint die Vorgabe, sich auf den Rechenweg zu konzentrieren und nicht ausschließlich auf das Ergebnis.

Tipps für das Erklären von Rechenwegen

→ **Erkläre deinen Rechenweg**
   O mithilfe deiner Aufgabe.
   O mithilfe von Material.

→ **Kannst du die Rechenwege der anderen Kinder**
   O verstehen?
   O erklären?

→ **Was ist an den Rechenwegen anders?**
   • Suche Unterschiede.
   • Was ist gleich?
   • Gibt es einen Fehler im Rechenweg?
   • Welcher Rechenweg ist besonders geschickt? Warum?

→ **Vergleiche die Rechenwege.**
   • Was ist ähnlich?
   • Welcher Weg ist übersichtlich?
   • Welcher ist kurz/lang?
   • Welcher Weg ist verständlich/unverständlich?
   • Welcher Weg ist richtig/falsch?

Die Strategiekonferenz

In der Klasse wird ein Themenschwerpunkt gewählt und dazu eine entsprechende Sachsituation auf einem Bild dargeboten. Die Kinder können sich damit auseinandersetzen, Fragen und Rechenaufgaben dazu stellen. In einer Konferenz werden diese vorgestellt, geordnet und festgehalten.

Das Sachaufgabenbuch

Das Erfinden eigener Sachaufgaben ist ein wichtiger Bestandteil im Sachrechnen. Die Kinder erhalten dazu eine Themenvorgabe aus ihrer alltäglichen Erfahrungswelt. Das eigene Sachaufgabenbuch kann im Rahmen eines projektorientierten Vorhabens durchgeführt werden. Die Eigenproduktionen der

Kinder werden nach einer Überarbeitung gesammelt, thematisch geordnet und zu einem Buch gebunden.

Das Sachaufgabenrezept

Lösungshilfen erleichtern Kindern den Einblick in Sachzusammenhänge. Mit ihrer Hilfe können Sachsituationen überschaubarer werden und eine Anleitung zur Bewältigung der Aufgabe geben.

Rezept für Sachaufgaben
Ich lese genau.
Ich weiß jetzt.
Ich unterstreiche Wichtiges.
Ich zeichne.
Ich frage.
Ich überschlage.
Ich suche einen Rechenweg.
Ich antworte genau.
Ich überprüfe.

Der Kaufladen

Ein Kaufladen im Klassenzimmer regt die Kinder zu spielerischem Umgang mit der Sachsituation Einkaufen oder Verkaufen an. Sie üben dabei den Umgang mit Geld, Größen und Mengenangaben.

Die Messstation

Der Umgang mit mathematischen Größen steht hier im Vordergrund. Anregungen zum Bauen und anschließenden Messen bieten vielfältige Materialien, Aufgabenkarten oder Handlungsanweisungen.

Der Philosophenweg

Die Merkfähigkeit kann sich steigern, wenn Rechenaufgaben in Bewegung, wie bei den Philosophen früher, gelöst werden. Während die Kinder einen bestimmten Weg gehen, werden zum Beispiel Einmaleinsreihen aufgesagt, wird Zählen geübt und mit dem Partner gerechnet.

Ziel: Die Arbeit reflektieren und Ergebnisse vergleichen

Das Korrekturteam

Sind Kinder mit ihren Rechenaufgaben fertig, suchen sie sich einen Partner und vergleichen ihre Ergebnisse. Ein Piktogramm zeigt den Ort an, wo sich die Kinder treffen können.

Das Wegenetz

Auf der Reise durch die Welt können die Kinder verschiedene Wege beschreiten. Durch Handeln, Forschen, Entdecken, Erfahren, Begreifen oder Erspüren durchdringen sie die Phänomene ihrer Lebenswelt und erkennen sie als Netzwerk. Die Wege werden aufgezeichnet und entwickeln sich zu einem Netz, indem die Ergebnisse ihrer Forschungsreisen dokumentiert werden. Das Erschließen der Welt aus verschiedenen Perspektiven wird den Kindern durch die folgenden Angebote erleichtert.

Die Fragewand

Zu Beginn eines neuen Themas im Sachunterricht hat jedes Kind die Möglichkeit, seine Fragen dazu auf kleinen Karten zu notieren. Sie werden an die Fragewand gepinnt und regen die Kinder an, Wege zu planen, wie sie Lösungen finden können.

Die Forscherfrage

Die Kinder überlegen sich zu Beginn einer thematischen Einheit im Sachunterricht, welche Frage sie besonders interessiert. Selbstständig und forschend setzen sie sich mit der Fragestellung auseinander und präsentieren ihre Forschungen der Klasse. (KV 40 s. S. 93)

Die Themenleine

Die einzelnen Themenbereiche einer Sequenz werden großformatig auf Papier notiert, so dass sie für alle Kinder gut lesbar sind. Die Blätter werden an einer Leine aufgehängt und bieten den Kindern Transparenz und Orientierung für die thematische Einheit. Die Kinder haben jederzeit die Gelegenheit, ihr Vorwissen bzw. Fragen zu den einzelnen Themen auf Zettel zu schreiben und zum jeweiligen Blatt zu heften. Die Themenleine wird immer wieder in den Unterricht miteinbezogen, um den Kindern u.a. einen Überblick über den Lernprozess zu geben. Ein großer Pfeil deutet jeweils an, an welcher Stelle gerade gearbeitet wird.

Die ABC-Liste

Um zu einem Thema Begriffe geordnet zu sammeln, bietet sich eine vorgefertigte Liste mit dem ABC an, in der zu jedem Buchstaben gefundene Wörter notiert werden. Die Listen werden aufgehoben und bei Bedarf als Erinnerungslisten hervorgeholt. So entsteht eine umfangreiche Wissensbibliothek.

KV 40: Forscherfrage

Meine Forscherfrage

Das möchte ich wissen:

Hier habe ich nachgesehen:

Lexikon	Sachkundebuch	Zeitschrift	Internet

Das habe ich herausgefunden:

Mit diesen Menschen habe ich über meine Frage gesprochen:

Eltern	Freunde	Oma/Opa	andere Leute

Das habe ich herausgefunden:

Der Experimentiertisch

Allerlei Zutaten für kleine Experimente befinden sich an einem bestimmten Ort. Dazu gibt es Experimentierkarten und Auswertungskarten, auf denen die Kinder ihre Beobachtungen festhalten und somit fachliche Arbeitsweisen erproben.

Das Mini-Labor

Auf einem Tisch stehen u.a. ein Mikroskop und Lupen bereit. Finden die Kinder etwas, das sie gerne untersuchen wollen, steht ihnen das Mini-Labor jederzeit zur Verfügung.

Die Wissenstheke

Dort liegen alle Bücher, die das Wissen der Kinder erweitern können. Fachbücher zu aktuellen Themen, Informationen aus dem Internet und multimediale Lernwerke werden von den Kindern genutzt.

Die Expertenmappe

Kinder wählen ein interessantes Thema, das sie in einem kleinen Vortrag aufbereiten. Dazu verfassen sie ein informatives Skript. Dieses wird in der Expertenmappe gesammelt und steht allen Kindern zur Verfügung.

Das Reisebüro

Im Reisebüro liegen Kartenmaterial, der Globus, Reiseführer und ein Kompass bereit. Sie begleiten das ganze Jahr über die Themenschwerpunkte und ermöglichen eine ständige Orientierung in der Welt.

Der große Preis

Auf quadratischen Feldern stehen Punktezahlen und ein Risikofeld. Einzelne Kinder oder eine Gruppe wählen einen bestimmten Schwierigkeitsgrad und bekommen eine Frage zu verschiedenen Lernfeldern gestellt. Können sie diese beantworten, werden die Punkte gutgeschrieben. Auf diese Weise werden Themen wiederholt.

Die Zeitleiste

Die Kinder sammeln dort zeitliche Ereignisse, Aktuelles und Geschichtliches und ordnen sie zeitlich. So gewinnen sie durch die visuelle Darstellung allmählich einen Einblick in zeitliche Strukturen.

Ziel: Darstellungsvarianten eigener Ausdrucksfähigkeit

Im Atelier

Materialien zu den verschiedensten Techniken stehen hier ständig den Kindern zur Verfügung. Diese wählen selbstständig aus und arbeiten interessensdifferenziert an ihren bildnerischen Lösungen.

Die Requisitenkiste

An einem bestimmten Ort liegen Requisiten bereit, die die Kinder zu schauspielerischem Handeln motivieren.

Die Bildergalerie

Am Ende eines Arbeitsprozesses dürfen die Kinder ihre fertigen Arbeiten dort ausstellen. Sie versammeln sich vor ihren Kunstwerken, um sie gemeinsam zu würdigen und zu begutachten.

In der Kunstausstellung

Wissen, das die Kinder über Künstler erfahren haben, können hier mit Foto, Lebenslauf oder Werken dokumentiert werden. Das Sammeln von Kunstpostkarten kann ebenso dazugehören wie das Ausdrucken von Bildern aus dem Internet. Kunstbetrachtung findet so ständig statt und wird immer wieder Anlass sein, darüber zu sprechen. Museumsbesuche werden ebenso festgehalten wie nachgestaltete Bilder der Kinder.

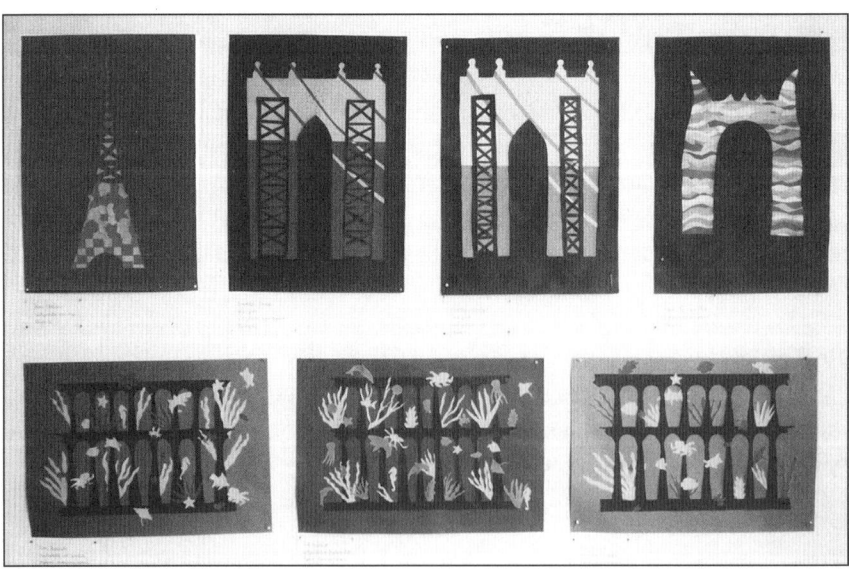

Das Bild des Monats

In einen Wechselrahmen kann jeden Monat ein Kunstdruck gehängt werden. Er steht den Kindern zur Bildbetrachtung ständig zur Verfügung. Zum Monatsende werden die Eindrücke der Kinder gesammelt und Wissenswertes ausgetauscht.

Das Skizzenbuch

Kinder gestalten Entwürfe für spätere Zeichnungen, mischen Farben und geben ihnen Namen, entwerfen verschiedene Schriftzeichen oder Muster, testen Malgeräte und -techniken oder experimentieren mit eigenen Ideen. Sie können diese Blätter zu einem Skizzenbuch zusammenfassen.

Im Tonstudio

Um Töne zu erzeugen, zu hören, sie zu Klangbildern zusammenzusetzen oder daraus Hörspiele zu entwickeln, stehen den Kindern im Tonstudio Materialien zur Erstellung von Instrumenten, tonerzeugende Dinge und Aufnahmegeräte zur Verfügung. Daraus können Klangteppiche zu Bildern entstehen, Hörspaziergänge entwickelt und unternommen, Komponisten und ihre Werke entdeckt oder mit Instrumenten experimentiert werden.

Ziel: Selbstbestimmtes Arbeiten fördern

Mein Arbeitsplan

In selbstbestimmten Lernphasen bietet der Arbeitsplan den Kindern einen festen Orientierungsrahmen. Er kann nach Lerngebieten differenziert oder in Pflicht- und Wahlaufgaben unterteilt sein. Damit bildet er eine Hilfe auf dem Weg zur selbstständigen Gestaltung der eigenen Lernprozesse. (KV 41 + 42 s. S. 98)
Die Wochenpläne (s. S. 99) sind Beispiele für die 1. und 2. Klasse und für die 3. und 4. Klasse.

Fitnesstraining

Die Kinder erhalten zu Beginn der Woche einen Plan zum individuellen Training bzw. als Vorbereitung auf Klassenarbeiten oder als Zusatz zum täglichen Üben. (KV 43 s. S. 100)

Mein Wochenplan

Woche von:

Name:

Arbeit:	Mein Kommentar Tipps für die Arbeit	So erging es mir		
Freies Schreiben				
Richtig schreiben				
Lesen				
Mathematik				
Sachunterricht				
Sonstiges				
Montag	Dienstag	Mittwoch	Donnerstag	Freitag

Mein Wochenplan

So erging es mir

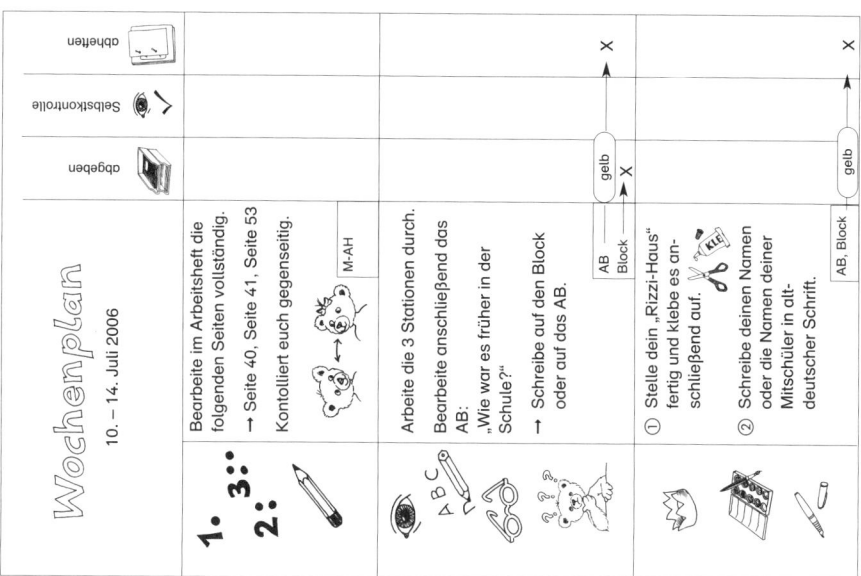

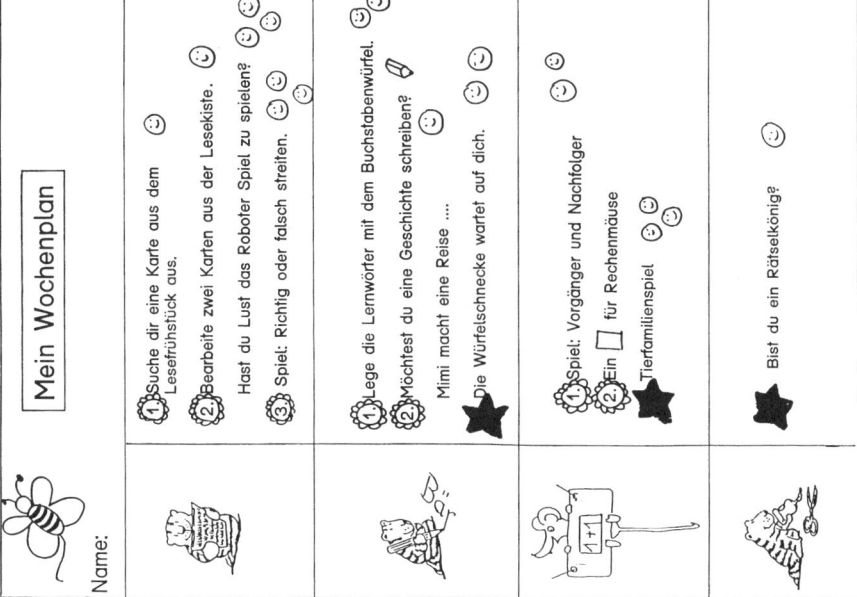

KV 43: Fitnesstraining

 Übung macht den Meister

Montag:

Lies jemandem ca. 15 Minuten laut vor.
Das Buch oder den Text darfst du dir selbst aussuchen.

Dienstag:

Sage dir alle Einmaleinsreihen vorwärts und rückwärts auf.
Lass dir Mal- und Geteiltaufgaben stellen und
löse sie im Kopf. (ca. 10 Minuten)

Mittwoch:

Setze die Redezeichen der wörtlichen Rede.
Unterstreiche die wörtliche Rede rot. Vergleiche mit der Rückseite.

Ein Mann geht mit einem Pinguin die Straße entlang.
Da kommt ihnen ein Polizist entgegen. Er fragt
  Woher haben Sie den Pinguin?   Der Mann antwortet
  Er ist mir zugelaufen.   Gehen Sie mit den Pinguin in den Zoo.
befiehlt der Polizist. Am nächsten Tag geht der Mann wieder mit
dem Pinguin die Straße entlang. Derselbe Polizist kommt ihnen
entgegen. Er fragt   Aber Sie sollten doch gestern mit dem Pinguin in den Zoo gehen, oder?   Ja   sagt der Mann,   und heute
gehen wir ins Kino!

Donnerstag:

Wiederholen hält fit! Fülle die Tabelle.

Wie viele cm fehlen
auf den nächsten
ganzen Meter?

115 cm	1 m 15 cm	1,15 m	85 cm
387 cm			
35 cm			
78 cm			
5 cm			
3 cm			

Freitag:

Lies jemandem ca. 15 Minuten laut vor.
Das Buch oder den Text darfst du dir selbst aussuchen.

1.4 Reflexion und Evaluation des Lernprozesses

Ziel: Über Lernen nachdenken und Leistungen dokumentieren

Lernkompetenz ist eine wichtige Schlüsselqualifikation. Lernen als Gegenstand des Unterrichts verlangt, dass Kinder zunehmend über ihr eigenes Lernen nachdenken, es bewerten und beginnen, es selbst zu steuern. Kinder brauchen auf ihrem Lernweg somit immer wiederkehrende Rückmeldung über ihren momentanen Leistungsstand. Dies kann durch regelmäßige Selbsteinschätzung, Partner-Rückmeldung und Reflexion geschehen. Entscheidend ist, dass den Kindern Mitbestimmungs- und Mitgestaltungsmöglichkeiten im Lernprozess geboten werden. Fragen wie „Was kann ich schon gut?", „Wo habe ich noch Schwierigkeiten?", „Was möchte ich als Nächstes tun?" sind wichtige Hilfen auf diesem Weg.

Aus meinem Lernleben vor der Schule
Um an die Zeit vor der Schule anzuknüpfen und Lernen als ständigen Weg zu begreifen, eignen sich Bilderrahmen, die einem Alter zugeordnet mit Lernerfahrungen gefüllt werden. Hierzu werden auch Eltern befragt:
Wann habe ich das Laufen gelernt, das erste Wort gesprochen, ein Gedicht aufgesagt oder ein Lied gekonnt.

KV 44: Was habe ich bisher gelernt?

Du hast in deinem Leben schon eine ganze Menge gelernt.
Erinnerst du dich noch an etwas?
Zeichne es in die Rahmen. Schreibe dazu, wie alt du warst – frage deine Eltern, wenn du dich nicht selbst daran erinnerst.

mit _____ Jahren   mit _____ Jahren   mit _____ Jahren

Meine Trainingserfolge

Ob sich Bemühungen gelohnt haben, kann das Kind selbst in einer tabellarischen Abfrage feststellen. Eine Arbeit wird überprüft, indem positiv/negativ Fragen gestellt werden:

* nach der Ablenkbarkeit,
* nach Gelingen von Entspannungsmöglichkeiten in den Pausen.
* ob die Gedanken bei der Sache waren.

Bei der Auswertung wird dem Kind deutlich, ob es Fortschritte gemacht hat oder es kann Tipps lesen, um die Konzentration beim nächsten Mal steigern zu können. (KV 45 s. S. 103)

Mein Lernbegleiter

Bereits im Kindergarten können Bausteine des „Lernen lernens" in einem Heft festgehalten werden, in der Grundschule ergänzt und in die weiterführende Schule mitgenommen werden. So entsteht ein Lernbegleiter, der den Lernweg des Kindes übergangslos markiert und ihm hilfreich zur Seite steht. Die Lernprinzipien bauen so aufeinander auf und passen sich dem erweiterten Schwierigkeitsgrad und Umfang des Lernpensums an.

Team-Aufgaben

Schriftliche Problemstellungen, die die Kinder in Partnerarbeit lösen, regen zum Austausch über die jeweiligen Vorgehensweisen an. Durch die Auseinandersetzung mit einer gemeinsamen Aufgabenstellung werden die Kinder ihre Reflexion bzgl. der Vorgehensweise immer mit zum Thema ihres Gesprächs machen.

Bearbeitet von: _____	Datum: _____
Team-Aufgabe	
• Nehmt eure Ziffernkärtchen. Zieht zwei Karten, z. B. 4 und 7. Damit könnt ihr zwei Zahlen legen: 4 7 7 4 • Zieht die kleinere Zahl von der größeren ab. • Wählt neue Ziffern. Rechnet wie vorher.	Was ist euch bei den Ergebnissen aufgefallen?
Unsere Rechnungen:	Was passiert bei Plusaufgaben? Schreibt eure Entdeckungen auf.

KV 45: Meine Trainingserfolge

Hier kannst du auswerten, ob sich deine Bemühungen gelohnt haben. Schreibe in die obere Zeile, wann du geübt hast und was. In den Zeilen darunter kreuze an, wie es dir dabei ergangen ist. Benedikt hat für seine Hausaufgaben am letzten Montag die erste Spalte ausgefüllt:

Datum: Inhalt:	11. 02. Sach- aufgaben rechnen				
Ich war ständig abgelenkt.					
Ich war mit meinen Gedanken nicht bei der Sache.					
Ich konnte mich in Pausen nicht entspannen.	X				
Ich habe mich nicht so leicht ablenken lassen.	X				
Ich war mit meinen Gedanken gut bei der Sache.					
Ich konnte mich in Pausen entspannen.					

Du hast Fortschritte gemacht, wenn du deine Kreuze eher im unteren Bereich der Tabelle gesetzt hast.

Wenn du dich nicht so gut konzentrieren konntest, dann frage dich:

ja | nein **Habe ich**
- alle Ablenkung beseitigt?
- genügend gegessen, geschlafen, mich sportlich betätigt?
- mein Zimmer gelüftet?
- an einem Arbeitsplatz gesessen, an dem ich gerne arbeite?
- mit einer Konzentrationsübung begonnen?
- zu vernünftigen Uhrzeiten gearbeitet?
- immer nur eine Aufgabe bearbeitet und nicht viele auf einmal begonnen?
- rechtzeitig Pausen gemacht?
- die Pausen zum Entspannen genutzt?
- eine gute Reihenfolge der Aufgaben gewählt?

Konferenz

Um das Lernen von- und miteinander anzuregen, treffen sich die Schüler immer wieder zu einer Konferenz. Die Kinder tauschen sich dazu in Kleingruppen aus. Ziel ist es, die kommunikativen Kompetenzen auszubauen, über einen Sachverhalt zu reflektieren und die Lehrerin als einzig kompetenten Ansprechpartner für Rückmeldungen zu entlasten. Für den Austausch können die Kinder Zielvorgaben erhalten, z.B. die Gedanken und Vorgehensweise der anderen Kinder zu verstehen und auf Richtigkeit zu überprüfen bzw. eine Präsentation ihrer Arbeit und der Vorgehensweise vorzubereiten. Anfangs kann ihnen ein Leitfaden zur Strukturierung der Konferenz vorgegeben werden. Gegebenenfalls erfolgt im Anschluss an ein Konferenzgespräch die Überarbeitung, der sich die Endredaktion durch die Lehrerin anschließen kann. Die Rückmeldung erfolgt zu den Arbeiten der einzelnen Kinder verbal oder schriftlich.

Konferenz

So könnt ihr vorgehen:

- Jeder stellt seinen Lösungsweg vor.
- Ihr könnt Fragen stellen.
- Was ist schon gut gelungen?
- Was kann man noch verbessern?
- Vergleicht nun die Lösungswege, was ist gleich, was ähnlich?
- Welcher Lösungsweg ist besonders geschickt, warum?

Über die eigene Arbeit nachdenken

Um nachhaltiges Lernen bei Schülern zu initiieren, ist es wichtig, dass die Kinder über ihre persönliche Arbeit nachdenken und ihre Eindrücke und Erfahrungen in schriftlicher oder mündlicher Form ausdrücken. Dies kann in Form eines Reflexionsbogens geschehen. (KV 46 s. S. 105)

Mein Schokostückchen

Nach einem Vortrag oder Film können die Kinder sich ihre „Schokostückchen" auf einem Blatt notieren. Dazu gehört das, was für sie wichtig war und was sie sich merken wollen.

Reflexion über die Arbeit im Team

Nach einer Arbeitsphase in der Gruppe sollten alle Kinder dazu angeregt werden, ihre Einschätzung über den Arbeitsprozess zu artikulieren. Dies kann

KV 46: Reflexionsbogen

In der 3. Klasse habe ich viel gelernt

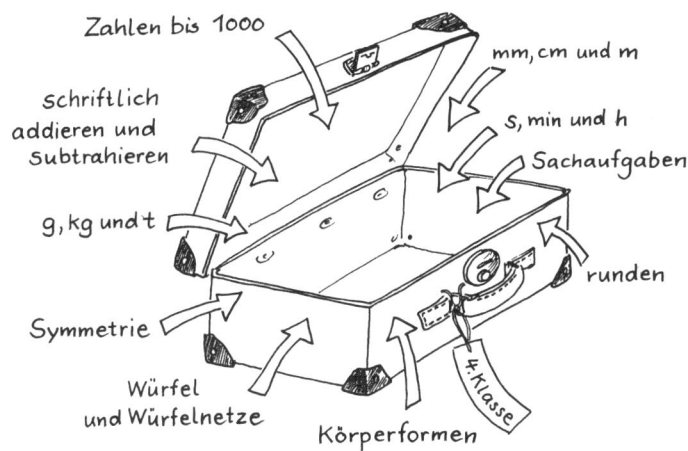

Zahlen bis 1000

schriftlich addieren und subtrahieren

g, kg und t

Symmetrie

Würfel und Würfelnetze

Körperformen

mm, cm und m

s, min und h

Sachaufgaben

runden

4. Klasse

Versuche alle deine Antworten zu begründen. → …, weil … .

① Welche Themen fielen dir schwer?

① Welche Themen fielen dir leicht?

③ Welche Themen haben dir besonders viel Spaß gemacht?

④ Was wünschst du dir für den Mathematikunterricht der 4. Klasse? Was möchtest du dir vornehmen?

mit Unterstützung eines Fragebogens sehr zielgerichtet erfolgen. Von Bedeutung ist hier, dass sich die Kinder über ihre persönliche Einschätzung austauschen und Ziele für die weitere Arbeit festlegen.

Beispiel: Eine Reihum-Geschichte gemeinsam erzählen

So denke ich über unsere Arbeit in der Gruppe:	😃	😐	🙁
Die Erzählung war gut verständlich.			
Die Geschichte hatte einen roten Faden.			
Es war interessant zuzuhören.			
Die anderen haben gut zugehört.			
Die Gruppe war beim Erzählen ein gutes Team.			
Das sollten wir uns vornehmen:			
Mein Tipp:			

Gruppenbarometer

Nach Beendigung einer Arbeitsphase überlegen die Kinder einer Gruppe gemeinsam, wie die Arbeit in der Gruppe funktioniert hat und heften die Klammer auf ihr laminiertes Gruppenbarometer. Gemeinsam überlegen sie sich eine Zielsetzung für die weitere Arbeit.

Kommentar zur Lernwegmappe

Die Arbeiten und Aufgabenblätter zu einem thematischen Bereich sammelt jedes Kind in einer Mappe. Kommentare, Reflexionen und Einschätzungen zu seiner Vorgehensweise und Bearbeitung fügt das Kind hinzu.

KV 47: Gruppenbarometer

Gruppenbarometer

Das nehmen wir uns vor:

Lerngespräche führen

Kinder führen untereinander Gespräche und tauschen sich über ihre Denkweise bei Lösung bzw. Bearbeitung der Aufgabenstellung aus. Es werden verschiedene Lösungswege besprochen, verglichen und auf ihre Brauchbarkeit hinterfragt. Die Kinder setzen sich mit unterschiedlichen Möglichkeiten der Lösung auseinander und versuchen sich in die Denkweise des Anderen zu versetzen. Somit gewinnen sie eine Bandbreite an Lösungsmöglichkeiten und Denkwegen.

Lerngespräche können auch am Ende eines Arbeitsprozesses zwischen Kind und Lehrerin stattfinden. In diesen Gesprächen erklären die Kinder ihre Denkweise. Oft ist hilfreich, Teile von Lösungsschritten zu hinterfragen: Hast du das so gemeint? Das führt zum intensiven Nachdenken über den Lernprozess und zum Verstehen des Lösungsprozesses. (Dokumentationsfaden für ein Lerngespräch KV 48 a + b s. S. 108 f.)

Forscherrunde

Ähnlich der Konferenz sprechen die Kinder in Partnergesprächen oder in der Kleingruppe über ihre Forscheraufträge. Sie versuchen dabei, sich in die Lösungswege und Denkweisen der anderen hineinzuversetzen und diese zu verstehen. Bei Unklarheiten wird nachgefragt.

Ziel: Lernwege reflektieren

Lern- oder Reisetagebuch

Hier dokumentieren die Kinder ihren Lernprozess. Die Kinder beschreiben bzw. reflektieren über ihr eigenes Lernen, indem sie notieren, was sie an bestimmten Tagen gemacht bzw. Neues dazugelernt haben. Des Weiteren schreiben sie Fragen auf, die sie an den Unterrichtsgegenstand haben bzw. notieren auch ihre gewonnenen Erkenntnisse und Antworten. Lern- oder Reisetagebücher können begrenzt auf eine Lerneinheit bzw. durchgängig die Auseinandersetzung mit Kernideen (vgl. Ruf/Gallin 1998) des Schuljahres dokumentieren.

Im Lerntagebuch notieren die Kinder ihre persönlichen Gedanken und Ideen. Dies kann in einem DIN-A5-Heft geschehen. Folgende Leitfragen können in der Anfangsphase eine Hilfestellung (KV 49 s. S. 110) sein:

KV 48 a: Lerngespräch

1. So gehst du mit deinen Arbeitsmaterialien um.

Du gehst sorgfältig mit deinen Materialien um und hast immer alles dabei.

- Das gelingt dir prima.
- Du hast dich schon verbessert.
- Du brauchst manchmal noch Unterstützung.
- Du brauchst häufig noch Hilfe, wir werden daran gemeinsam arbeiten.

Tipps und Hinweise

2. So gehst du an eine Aufgabe heran.

Du suchst selbstständig nach Lösungswegen und fragst nach, wenn dir etwas unklar ist.

- Das gelingt dir prima.
- Du hast dich schon verbessert.
- Du brauchst manchmal noch Unterstützung.
- Du brauchst häufig noch Hilfe, wir werden daran gemeinsam arbeiten.

Tipps und Hinweise

3. So erledigst du deine Arbeit:

Du arbeitest konzentriert und lässt dich nicht ablenken.

- Das gelingt dir prima.
- Du hast dich schon verbessert.
- Du brauchst manchmal noch Unterstützung.
- Du brauchst häufig noch Hilfe, wir werden daran gemeinsam arbeiten.

Tipps und Hinweise

KV 48 b: Lerngespräch

4. So stellst du die Ergebnisse deiner Arbeit vor.

Du sprichst zur Sache.
Die anderen verstehen
dich.

- Das gelingt dir prima.
- Du hast dich schon verbessert.
- Du brauchst manchmal noch Unterstützung.
- Du brauchst häufig noch Hilfe, wir werden daran gemeinsam arbeiten.

Tipps und Hinweise

5. So arbeitest du mit anderen Kindern zusammen.

Du kannst anderen
zuhören.
Du sagst offen deine
Meinung.

- Das gelingt dir prima.
- Du hast dich schon verbessert.
- Du brauchst manchmal noch Unterstützung.
- Du brauchst häufig noch Hilfe, wir werden daran gemeinsam arbeiten.

Tipps und Hinweise

Für das weitere Lernen werden folgende Vereinbarungen getroffen.
Diese Fortschritte im Lernen hast du im ersten Halbjahr gemacht:

Daran sollst du weiterarbeiten:

Datum/Lehrer/in   Schüler/in

Ideen und Impulse für den Eintrag ins Lerntagebuch:

Das habe ich heute gearbeitet…

Das habe ich dabei gelernt…

Das möchte ich mir vornehmen…

KV 49: Lerntagebuch

Wie war mein Tag?

Überlege kurz, wie es dir in den einzelnen Fächern ergangen ist
und warum! Welches Fach hat dir heute besonders viel Freude gemacht?
Denke auch darüber nach, was deiner Meinung nach heute nicht so gut lief!

Diese Fragen können dir helfen:
Was hast du gedacht?
Wie bist du vorgegangen?
Warum hast du das so gemacht?

Diese Satzanfänge können dir helfen:
Ich habe mir überlegt …
Mir gefällt, dass …
Schwierig finde ich …
Mir ist aufgefallen …

Deutsch	
Sport	
Mathematik	
Sachunterricht	
Englisch	

Lernbericht

Aus den Dokumentationen der Lernberichte geht hervor, inwieweit Kinder
nach eigenen Einschätzungen bestimmte Fertigkeiten und Fähigkeiten beherrschen. Lernberichte müssen für die Kinder verständlich und von der Lehrerin
zügig auszuwerten sein.

Werkstattheft

In dem Werkstattheft dokumentieren die Kinder ihre Arbeit und Vorgehensweise zu einzelnen Aufgaben des Werkstatt-Angebotes. (KV 50 s. S. 111)

KV 50: Mein Werkstattheft

So arbeite ich an den Stationen zur Drehsymmetrie:

1. Ich wähle eine Station, mit der ich beginnen möchte, und lese den Arbeitsauftrag genau durch. Ich suche das für mich passende Arbeitsblatt:

     leicht: Ich bin mir noch etwas unsicher.

   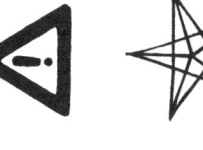 mittel: Ich bin mir schon ziemlich sicher.

   schwer: Ich denke, dass ich alles verstanden habe.

2. Ich arbeite mit dem Material am Platz und kontrolliere mein Ergebnis danach.

3. Kleine Arbeitsblätter klebe ich in mein Arbeitsheft auf die entsprechende Seite. An den übrigen Stationen notiere ich mein Ergebnis im Arbeitsheft.

4. Ich bewerte gleich im Anschluss die Station und wähle dann die nächste Station.

5. Beim Beginn der Musik beende ich die Arbeit an den Stationen und räume das Material zurück.

Wenn ich meinen Mitschülern etwas erklären will, nehme ich mir einen Helferengel.

Drehsymmetrisch ja oder nein?

F

E

C

H

G

Kreuze an:

 mehr als einen Fehler

 einen Fehler

keinen Fehler

Zusatzaufgabe für Experten:
Überlege dir, wie die Grundfiguren aussehen, aus denen die drehsymmetrischen Figuren jeweils zusammengesetzt sind. Zeichne sie neben die Figuren.

Lernbriefe

In Lernbriefen haben die Kinder die Möglichkeit, rückblickend über eine längere Unterrichtseinheit von ihren Lernerfahrungen zu berichten.

> ### Die Wörtliche Rede
>
> Lass Personen in deiner Geschichte sprechen! Wörtliche Reden machen deine Geschichte lebendiger. Denn wenn man Geschichten nur erzählt klingen sie langweilig! Aber halt!!! Bei wörtlicher Rede ist sooooo viel zu beachten zum Beispiel die Anführungs-und Schlusszeichen. Die sehen so aus „ = Anführungszeichen. " = Schlusszeichen. Also sieht ein Satz mit wörtlicher Rede so aus: „Bleiben Sie stehen Herr Maier " Aber nein ganz falsch! Es fehlen noch sämtliche Satzzeichen! So, dann könnte ein Satz mit wörtlicher Rede so aussehen: „Bleiben Sie stehen Herr Maier!" Naja immer noch falsch es fehlt ein Komma und zwar dort wo ich es jetzt rot makiere „Bleiben sie stehen Herr Maier!" - Und das wichtigste fehlt noch! Ja was denn? Na der Begleitsatz, der heißt zum Beispiel: rief Frau Maurer oder sie sprach. Der Begleitsatz kann hinten oder vorne stehen. Es gibt also zwei Möglichkeiten, es kommt auf die Situation an man kann es so schreiben: Frau Maurer rief „Bleiben sie stehen Herr Maier!" oder so „Bleiben sie stehen Herr Maier!", rief Frau Maurer Und natürlich darf man den Doppelpunkt nicht vergessen. Hoffentlich macht ihrs richtig. Tipp: Denk immer an alles, und vergiss nichts (Mir ists auch immer schwer gefallen nichts zu vergessen)!!!

112

Rechentagebuch

In einem Rechentagebuch notieren die Kinder ihre Aufzeichnungen zum Mathematikunterricht: z.B. einen Lösungsweg zu vorgegebenen Aufgabenstellungen oder Aufgaben, die sie selbst erfinden, sowie Entdeckungen zu Zahlen und mathematischen Inhalten.

Tipps zum Eintrag in dein Rechentagebuch

Beachte:
- ✓ Arbeite übersichtlich.
- ✓ Denke immer zuerst an das Datum. Notiere es.
- ✓ Überlege: Was ist zu tun?
- ✓ Worauf achte ich heute besonders?

Notiere deine Lösungsversuche.
- ✓ Schreibe mit Zahlen und Worten auf, wie du gerechnet hast.
- ✓ Du kannst auch dazu zeichnen.
- ✓ Denke daran. Fehler gehören zum Lernen dazu.

Das hilft dir beim Schreiben:
- ✓ Zuerst habe ich überlegt …
- ✓ Ich finde schön, dass …
- ✓ Schwierig war für mich …
- ✓ Ich schätze, dass …
- ✓ Mir ist aufgefallen …
- ✓ Ich kann mir vorstellen …

Lernsprechstunde

Kinder, die Probleme haben oder Hilfestellung beim Lernprozess benötigen, können sich in der Sprechstunde individuell von der Lehrerin beraten lassen. Diese Sprechstunde wird zu einer festgelegten Zeit angeboten. Hier kann sie sich mit einzelnen Kindern über deren Leistungen austauschen, ihnen Rückmeldung zu ihrem Lernprozess geben und mit dem Kind die weitere Vorgehensweise im Lernprozess besprechen. Es können auch gemeinsam Ziele vereinbart werden.

Lern-Sprechstunde am		
	Darüber möchte ich sprechen	Darüber möchte Frau/Herr X mit dir sprechen
Hausaufgaben		✓
Lesen		

Selbsteinschätzungsbogen

Selbstbeurteilungen und Selbsteinschätzungen der Kinder sollten verstärkt in den Lern- und Leistungsprozess und deren Bewertung einbezogen werden. Eine Möglichkeit, die Kindern mehr Transparenz über ihre Leistung vermittelt, sind sogenannte Einschätzungsbögen. Die Kinder bearbeiten am Ende eines Themas einen Bogen, indem sie ihre Einschätzung zu ihrer Arbeit und zum Lernprozess artikulieren. Nach einer Besprechung im Plenum entscheiden alle gemeinsam, ob sie zum nächsten Inhalt weitergehen können oder noch bei der derzeitigen Thematik verweilen sollten.

KV 51: Selbsteinschätzungsbogen

Ich beurteile meine Arbeit:

Das ist mir sehr gut gelungen:

_____

Das hat mir viel Mühe bereitet:

_____

Das hat mir sehr gut gefallen:

_____

Das habe ich neu dazu gelernt:

_____

_____

Daran würde ich gerne noch weiterarbeiten:

_____

_____

Das möchte ich mir als Nächstes vornehmen:

_____

_____

Zielscheibe zur Selbsteinschätzung

Hier tragen die Kinder ein, wie sie sich selbst einschätzen. Je näher sie das Kreuz in die Mitte setzen, desto besser schätzen sie sich ein. (KV 52 s. S. 115)

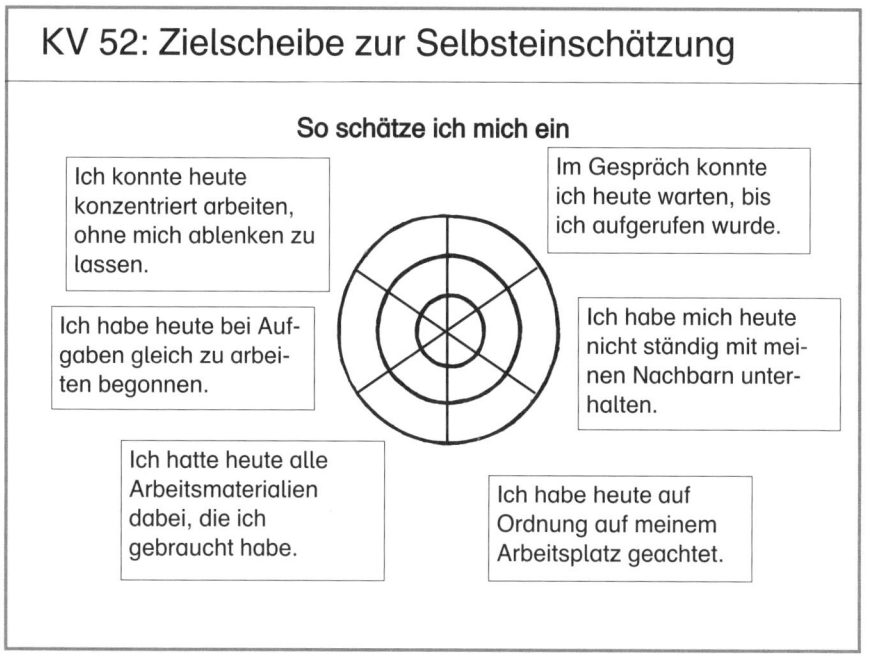

KV 52: Zielscheibe zur Selbsteinschätzung

So schätze ich mich ein

Ich konnte heute konzentriert arbeiten, ohne mich ablenken zu lassen.

Im Gespräch konnte ich heute warten, bis ich aufgerufen wurde.

Ich habe heute bei Aufgaben gleich zu arbeiten begonnen.

Ich habe mich heute nicht ständig mit meinen Nachbarn unterhalten.

Ich hatte heute alle Arbeitsmaterialien dabei, die ich gebraucht habe.

Ich habe heute auf Ordnung auf meinem Arbeitsplatz geachtet.

Fremdeinschätzung

Am Ende einer Arbeitsphase wählt jedes Kind aus, welches andere Kind die Arbeit ansehen und kommentieren soll. (KV 53 s. S. 116)

Strahl

Der Strahl kann zum Feedback zu einer Thematik, einer Unterrichtsstunde bzw. zur Bewertung mehrerer Kriterien eingesetzt werden.
Die Kinder überlegen sich gemeinsam mit der Lehrerin, nach welchen Kriterien sie ein Thema (ein Projekt oder eine Arbeitsphase) bewerten wollen. Auf einem großen Bogen Papier wer-

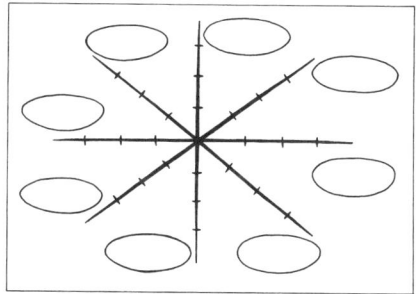

den Strahlen in der entsprechenden Anzahl der zu bewertenden Kriterien eingetragen und die Kriterien an den äußeren Enden des Strahls notiert. Mit Muggelsteinen oder Klebepunkten werden nun die Teilbereiche bewertet. Je weiter die Markierung am Ende des Strahls gesetzt wird, desto positiver die Bewertung.
Wenn der Strahl laminiert ist, kann er immer wieder verwendet werden.

KV 53: Fremdeinschätzung

So sehen andere deine Arbeit

Werkstattheft von: _____

Mein Name: _____

An deinem Werkstattheft gefällt mir _____

_____

_____

_____

_____

Besonders gut finde ich, _____

_____

_____

_____

Eine Sache, an der du noch arbeiten könntest, ist_____

_____

Mein Tipp: _____

_____

_____

_____

Ich möchte dir noch sagen, dass _____

_____

_____

_____

© Oldenbourg Schulbuchverlag GmbH, PRAXIS Bibliothek 254, Hilfreiche Rituale im Grundschulalltag

1.5 Wir beenden die Arbeit

Ziel: Den Lernzuwachs bewusst machen

Der Reporter

Ein Kind wird als Reporter bestimmt und mit einem symbolischen Mikrofon ausgestattet. Seine Aufgabe ist es, den Kindern Fragen zu den behandelten Themen zu stellen. Diese versuchen, so genau wie möglich zu antworten und neu erarbeitete Begriffe anzuwenden. Die Inhalte werden auf diese Weise nochmals versprachlicht und das Wissen gefestigt.

Der Professor

Ein Kind lässt sich zum Professor ernennen und beantwortet Fragen der Klasse. So werden die Inhalte nochmals durchdacht und nicht Verstandenes geklärt.

Das Punkte-Quiz

Auf einer Folie werden Felder in einem Buchstabenraster mit einer Punktezahl belegt. Für die richtige Beantwortung der gewählten Frage werden dem Kind die Punkte des Feldes gutgeschrieben. Wird sie falsch beantwortet, haben die anderen Kinder die Gelegenheit, Punkte zu sammeln. Das Spiel eignet sich für alle Fächer, sowohl als Gesamtwiederholung als auch zum Tagesabschluss.

Jahresgläser

Im Laufe eines Jahres überlegen sich die Kinder Fragen zum Lernstoff und schreiben sie auf. Diese Kärtchen werden in Gläsern gesammelt. Sind es genügend Aufgaben, können in Gruppen oder als Einzelwettbewerb Quizrunden durchgeführt werden.

Ziel: Die Arbeit wertschätzen

Die Ausstellung

Wohin die Kinder ihre fertiggestellten Arbeiten legen können, ist leicht zu beantworten, wenn es „Die Ausstellung" gibt. Auf Magnettafeln, Pinnwänden, Ausstellungstischen oder einer gespannten Leine, in oder außerhalb des Klassenzimmers, finden die Kinder den geeigneten Platz. Dort werden die Arbeiten betrachtet und besprochen.

Ich bin schon fertig

Durch ein Hinweisschild „Bist du wirklich fertig?" mit entsprechenden Tipps zur Überprüfung der Arbeit werden die Kinder dazu angeregt, ihre fertiggestellten Arbeiten nochmals selbst zu überprüfen und gegebenenfalls zu verbessern.

Bist du wirklich fertig?
- Lies dir deine Arbeit noch einmal durch.
- Überprüfe und berichtige.
- Verwende die Tipp-Karten zum Hefteintrag.
- Achte auf die Gestaltung deiner Arbeit.

Ziel: Neue Angebote zur Weiterarbeit nutzen

Der Königsweg

Der Königsweg zeigt den Kindern Beschäftigungsangebote, die sie nach Beenden der Arbeit aufgreifen können. Sie werden mit Königskronen markiert, die eine Nummer tragen. Das Symbol der Königskrone an der Tafel weist Kinder auf ein bestimmtes Zusatzangebot hin.

KV 54: Königskronen

Die Angebotskiste

In einer Kiste befinden sich zusätzliche Angebote und Materialien. Kinder, die ihre Arbeit beendet haben, dürfen auswählen, womit sie sich beschäftigen, bis alle anderen fertig sind.

Ziel: Selbstständige Arbeitshaltung aufbauen

Die Goldgräber

In Schüsseln sind unter Hülsenfrüchten passend zum Unterrichtsthema Dinge oder Wortkärtchen versteckt, die von Kindern nach Beenden der Arbeit ausgegraben werden. Diese Schätze sind u. a. auch Denkfragen zum Thema oder weiterführende Fragen, die zu vertiefenden Gedanken anregen.

Die Aufräummelodie

Am Ende einer Arbeitsphase, zum Tagesabschluss und am Ende der Woche können feste Aufräumzeiten eingeplant werden. Durch ein akustisches oder optisches Signal wird die Arbeitsphase beendet und die Aufräumphase eingeleitet. Während dieser Zeit wird immer die gleiche Melodie gespielt. Die Kinder lernen dadurch, den ihnen zur Verfügung stehenden Zeitraum einzuschätzen. Das Ende der Wegräumphase wird durch die leiser werdende Melodie angezeigt. Sind Kinder früher fertig, werden sie ggf. als Helfer eingesetzt.

Wer hat an der Uhr gedreht?

Zur Aufräumzeit kann das Lied „Wer hat an der Uhr gedreht?" aus der Trickfilmserie „Der rosarote Panther" gesungen werden.

Hausaufgabenzeit

Im Laufe des Tages können die Hausaufgaben an der Tafel ergänzend zum Lernstoff gesammelt werden. Soll das täglich in gleicher Weise ablaufende Notieren der Hausaufgaben beginnen, wird ein Piktogramm aufgehängt. Die für jeden Tätigkeitsbereich eingeführten Symbole erleichtern den Kindern die Orientierung und die Kontrolle der Hausaufgabe am nächsten Tag.

Ziel: Einen Tagesabschnitt bewusst machen

Der Tagesabschluss

Ebenso wie der Beginn des Tages ist der Abschluss ein täglich wiederkehrender Haltepunkt. Die dafür einzuplanende Zeit lohnt sich für das gemeinsame Nachdenken über den Tag und fördert sowohl die Selbsteinschätzung als auch die Wertschätzung der geleisteten Arbeit.

Die Tagesauswertung

Am Ende eines Unterrichtsvormittages bietet die Tagesauswertung eine Möglichkeit, die Vielfalt der Eindrücke des Unterrichtsvormittages noch einmal vor dem inneren Auge vorbeigleiten zu lassen, sich zu äußern und Dinge bzw. Unverarbeitetes auszusprechen. Als Denkimpulse können Satzanfänge in Sprechblasen vorgegeben werden.

Das Abschlussgebet

Ebenso wie das Morgengebet können Abschlussgebete von den Kindern gesammelt und vorgetragen werden. Auch das Sprechen eines gemeinsamen Gebetes am Ende des Tages sowie Gedanken zum Tag, zur Woche, zum Monat oder zum Ferienbeginn eignen sich zur inneren Einkehr.

Der Abschlusskreis

Es tut gut, wenn sich die Kinder zum Ausklang des Tages im Abschlusskreis treffen. Ein Gespräch über die Ereignisse des Tages findet statt, um noch einmal in Gedanken zurückzuverfolgen, was den Kindern gut gefallen hat, worüber sie herzlich lachen konnten, was sie Neues gelernt haben, was ihnen gut gelungen ist und welche Probleme sie gelöst haben. Dazu werden evtl. Sprechhilfen in der Mitte des Kreises angeboten wie z.B. „ Mir hat heute gut gefallen, dass...; Für mich war heute neu, dass...; Ich habe mir gemerkt, dass...; Ich freue mich darüber, dass...; Mir ist besonders gut ...gelungen; Ich muss ...noch üben; Ich habe mich heute geärgert, weil...; Das Problem konnten wir lösen, indem...“. Der Tagesplan und das Stimmungsbarometer können ebenso eingebunden werden.

Wünsche für den Nachhauseweg

Die Kinder haben die Möglichkeit, ihrem Banknachbarn zum Abschluss etwas Schönes zu wünschen. „Ich wünsche dir...einen sicheren Nachhauseweg, ...einen schönen Nachmittag, ...dass die Hausaufgaben gut gelingen, ...ein schönes Wochenende;... schöne erholsame Ferien und dass viel Zeit zum Spielen bleibt.“ Damit wird eine Brücke zur häuslichen Umgebung geschlagen. Auch die Sicherheit auf dem Nachhauseweg wird durch Wünsche wie „Komm gut nach Hause!, Passt gut auf euch auf !“ thematisiert.

Der Gruß-Briefträger

Kinder erzählen gerne von zu Hause. Auch wann ein Geburtstag, eine Taufe usw. zu Hause gefeiert werden oder andere besondere Ereignisse anstehen. Die Kinder können sich ein kleines Erinnerungskärtchen aus einer Dose nehmen, das die Aufschrift trägt „Viele Grüße". Die Glückwünsche oder Grüße der Lehrerin können sich die Kinder so besser merken und ausrichten.

Ziel: Stressfreies Verlassen des Klassenzimmers

Die leise Feder

Nach der Verabschiedung schließt jedes Kind die Augen. Die Lehrerin geht leise mit einer Feder in der Hand herum. Spürt ein Kind die Berührung der Feder, öffnet es seine Augen und schleicht in die Garderobe.

Geschenkte Zeit

Die in der Woche angesparte Zeit darf am Freitag in der letzten Stunde eingelöst werden. Was sich die Kinder bei der Einführungsbesprechung dieses Rituals gewünscht haben, wird hier erfüllt. Zum Beispiel eine Geschichte vorlesen, ein Lied singen, etwas spielen oder basteln.

Die Wochenbilanz

Die Ereignisse der Woche werden reflektiert. Die Kinder können überprüfen, ob der Wochenvorsatz eingehalten wurde. Bei diesem Gespräch wird schnell aufgedeckt, was gestört oder noch nicht funktioniert hat. Ist es der Wunsch aller Kinder, dieses Verhalten zu verbessern, entwickelt sich daraus der Vorsatz für die nächste Woche.

Ziel: Brücken bauen von bewältigten zu neuen Aufgaben

Das Klassentagebuch

Ist in der Klasse ein Tagebuch eingeführt, so werden die Einträge der Woche nochmals bewusst gemacht. Die Kinder entdecken dabei, wie unterschiedlich die Ereignisse in der Woche von ihnen wahrgenommen werden.

Das Rätsel der Woche

Das am Montagmorgen aufgegebene Rätsel oder eine Quizfrage werden am Freitag aufgelöst.

Das Lied der Woche

Das gewählte Wochenlied wird z. B. zum Abschluss eines Unterrichtstages oder am Ende der Woche noch einmal gesungen und gespielt.

Die Wochenkonferenz

Während der Woche haben die Kinder Gelegenheit auf einem Plakat ihre Meinung auszudrücken, Forderungen und Wünsche zu formulieren oder Beiträge für die Klasse zu notieren. Dieses Plakat dient als Grundlage für die Wochenkonferenz, in der die Kinder dazu Stellung nehmen können.

Der Wochenausblick

Damit sich Kinder auf die kommende Woche freuen können, werden geplante Vorhaben besprochen. Vorbereitende Hausaufgaben sowie das Verteilen von Sammelaufgaben ermöglichen es den Kindern, sich gedanklich auf das Thema der nächsten Woche einzustellen. Zusätzlich dürfen sich die Kinder Themen wünschen, die von ihnen selbst in Form eines kleinen Vortrages eingebracht werden.

Das Klassentier auf Wochenendreise

Ein Kind darf über das Wochenende das Klassentier oder die Handpuppe mit nach Hause nehmen und gut versorgen. Am Montag berichtet es im Erzählkreis von den gemeinsamen Erlebnissen. Fotos von zu Hause können an einer Pinnwand gesammelt werden.

Das Ferienfrühstück

Am Tag vor den Ferien können die Kinder alles mitbringen, was zu einem guten Ferienfrühstück gehört. Jede Gruppe plant ihren Beitrag, deckt den Tisch und stellt den anderen Kindern das Motto ihres Frühstückstisches vor. Die Kinder stimmen sich miteinander auf die Ferien ein und besprechen ihre Pläne.

1.6 Leistungen der Kinder wahrnehmen und würdigen

Ziel: Leistungen der Kinder würdigen und dokumentieren

Die Leistungen der Kinder zu würdigen, ist eine grundlegende Aufgabe unserer Schule. Wichtig erscheint in diesem Zusammenhang, dass wir pädagogisch reflektiert mit der Notengebung umgehen. Dazu gehört, dass wir unseren Kindern kontinuierlich, transparent und kompetenzorientiert eine Rückmeldung über ihre Leistungen geben.

Da Kinder anders denken, als wir es vielfach vermuten, und meist auch anders als andere Kinder, sollte ein wichtiger Baustein die systematische Feststellung individueller Lernstände für einen veränderten Umgang mit deren Leistungen sein.

Diplome, Urkunden, Pässe sind in diesem Zusammenhang Bestätigungen, die die Kinder nach ihrer Prüfung erhalten. Die vielen denkbaren Rituale, Lernentwicklungen zu bestätigen, sollten jedoch immer sorgfältig dosiert eingesetzt werden. Zu viele Ausweise, Diplome und Pässe entwerten den ursprünglichen Sinn. Wichtig ist, dass die Kinder zu ihren Pässen, Urkunden und Diplomen immer Rückmeldung erhalten.

Standortbestimmungen

Mit Standortbestimmungen zu Beginn einer Lernphase kann die Lehrerin bereits erworbene Fähigkeiten und Kenntnisse ihrer Schüler erkennen und ihren Unterricht bzw. die Lernumgebung methodisch und didaktisch auf die vorhandene Heterogenität abstimmen. (Beispiel: Thema Wald, KV 55 s. S. 124)

Das weiße Blatt

Kinder notieren auf ein weißes Blatt, was sie bereits über Zahlen, Buchstaben oder zu einem Thema wissen. Die Lehrerin erhält so einen Überblick über den Lernstand des einzelnen Kindes.

Der Rückmeldebogen

Die Kinder sollten in die Bewertung von Arbeiten einbezogen werden. Hält ein Kind oder halten mehrere Kinder zusammen ein Referat, so entscheidet diese Gruppe, wer das Referat nach vorher gemeinsam vereinbarten Kriterien bewerten soll bzw. welche Kinder eine Rückmeldung dazu geben. (KV 56 s. S. 125)

Der Aufgaben-Briefkasten

Einen guten Überblick über die individuellen Lernstände der Kinder erhält die Lehrerin über die Einrichtung eines Aufgaben-Briefkastens. Dabei stellt sie den Kindern am Ende einer Unterrichtseinheit/einer Stunde oder Tages eine kurze Aufgabe, deren Bearbeitung zwischen 5 und 10 Minuten dauert. Jedes Kind notiert auf dem Blatt erst seinen Namen, beantwortet anschließend die

KV 55: Standortbestimmung

Das weiß ich vom Wald

Im Wald leben Tiere und Pflanzen. Welche Tiere und Pflanzen kennst du? Male sie. Schreibe die Namen dazu.

Das weiß ich noch vom Wald:

_____

_____

_____

_____

Das möchte ich noch über den Wald erfahren:

_____

_____

_____

_____

gestellte Frage oder bearbeitet eine Aufgabenstellung. Danach wirft jedes Kind sein Blatt in den dafür vorgesehenen Briefkasten.

Die Leistungen der Kinder des Aufgaben-Briefkastens können pro Fach in einer Liste über ein Halbjahr hinweg festgehalten werden und bieten der Lehrerin die Möglichkeit, die Gesamtleistung des Kindes umfassender und differenzierter einzuschätzen und Fördermöglichkeiten einzuleiten.

Der Fitness-Test

Hier wird dokumentiert, welche Übungen die Kinder schon beherrschen. Dabei bearbeiten die Prüfungskandidaten eine Serie von Aufgaben (Einspluseinsaufgaben, Einmaleinsaufgaben, Aufgaben zum Verdoppeln und Halbieren), die sie in Selbst- oder Partnerkontrolle erst üben und kontrollieren. Die Kinder entscheiden selbst, wann und ob sie sich bei der Lehrerin zu einer mündlichen Prüfung anmelden. Hierzu hängen Listen aus, in die sie sich eintragen können. Fitness-Tests können auch im „Richtig schreiben" und „Lesen" durchgeführt werden.

Fitness-Test

Ich bin bereit:

KV 56: Rückmeldebogen

Bewertung eines Vortrages:

Name des/der Referenten: _____

Thema des Vortrags:
_____

Durchführung des Vortrags	sehr gut gelungen	geht so	muss besser werden
Materialien hergerichtet			
Tafel/Tageslichtprojektor vorbereitet			
Sprecherrollen verteilt			
Vortrag geübt			
Laut und deutlich gesprochen			
Die Zuhörer angeschaut			
Fragen zum Thema beantwortet			
Sich bei Zuhörern bedankt			

Mit der Bewertung des Vortrags wurden beauftragt:

_____

Unser Tipp: _____

Der Leseausweis

Leseausweise können ein Anreiz für Kinder sein, auch zu Hause viel bzw. kontinuierlich zu lesen. Schon im ersten Schuljahr führen die Kinder ihren ersten Leseausweis. Zunächst wird nur der Titel des Buches vermerkt. Jeder Eintrag wird mit Stempel oder Unterschrift gewürdigt. Ist der Leseausweis voll, würdigt ihn die Lehrerin in einem Gespräch mit dem Kind und das Kind erhält einen neuen Ausweis.

Wird der Ausweis auch in Form eines Leporellos gestaltet, können so immer wieder neue Leporelloblätter hinzugefügt werden. Neben dem Titel bietet sich hier eine Illustration oder Notizen zum Gelesenen an. (KV 57 s. S. 127)

Das Lesegespräch

Beim Sprechen über Texte bzw. Gelesenes tauschen sich die Kinder über individuelle und gemeinsame Erfahrungen aus. Dies fördert zudem ihre kommunikative Fähigkeit im Umgang mit Texten aller Art. Die Kinder sprechen über Eindrücke bzw. Lesemotive und formulieren Leseerwartungen. Dabei können sie ihre Erfahrungen als Lesetipps an andere weitergeben.

Der Füllerführerschein

Um den fachgerechten Umgang mit dem Füller zu erlernen, machen die Kinder nach der Einführung dieses Schreibgerätes eine Prüfung in Form des Füllerführerscheins. In dieser Prüfung wird neben theoretischem Wissen, z.B. dem Benennen der Teile eines Füllers, auch der richtige Umgang mit dem Füller geprüft. In einem zweiten Teil kann ein Text abgeschrieben werden. Auch zwei gelungene Hefteinträge dürfen vorgezeigt werden.

Der Computerführerschein

Der Umgang mit dem Arbeitsgerät Computer erfordert einige Sicherheitsregeln und Bedienungsanweisungen, die von den Kindern eingehalten werden müssen. Haben sie die Kompetenz erworben, freuen sie sich über einen Computerführerschein. (KV 58 s. S. 128)

Der Mathepass

Der Mathepass kann kenntnis- und fertigkeitsorientiert konzipiert werden. Er dokumentiert, welche Aufgaben das einzelne Kind schon beherrscht. (KV 59 s. S. 129)

KV 57: Leseausweis

Das habe ich geübt:

So ist es mir gelungen:

Darum ist es mir (nicht) gelungen:

Kontrolliert von:

Datum:

So hat es mir gefallen: ○

Das habe ich geübt:

So ist es mir gelungen:

Darum ist es mir (nicht) gelungen:

Kontrolliert von:

Datum:

So hat es mir gefallen: ○

Das habe ich geübt:

So ist es mir gelungen:

Darum ist es mir (nicht) gelungen:

Kontrolliert von:

Datum:

So hat es mir gefallen: ○

Das habe ich geübt:

So ist es mir gelungen:

Darum ist es mir (nicht) gelungen:

Kontrolliert von:

Datum:

So hat es mir gefallen: ○

Das habe ich geübt:

So ist es mir gelungen:

Darum ist es mir (nicht) gelungen:

Kontrolliert von:

Datum:

So hat es mir gefallen: ○

Das habe ich geübt:

So ist es mir gelungen:

Darum ist es mir (nicht) gelungen:

Kontrolliert von:

Datum:

So hat es mir gefallen: ○

Das habe ich geübt:

So ist es mir gelungen:

Darum ist es mir (nicht) gelungen:

Kontrolliert von:

Datum:

So hat es mir gefallen: ○

Das habe ich geübt:

So ist es mir gelungen:

Darum ist es mir (nicht) gelungen:

Kontrolliert von:

Datum:

So hat es mir gefallen: ○

Ich werde Lesemeister

Das habe ich geübt:

So ist es mir gelungen:

Darum ist es mir (nicht) gelungen:

Kontrolliert von:

Datum:

So hat es mir gefallen: ○

KV 58: Computerführerschein

Ich kann im Internet surfen:	Datum/ Prüfer/in
www._____	
www._____	
www._____	

Computer-Führerschein

für

_____

Klasse _____

Das kann ich noch:

Ich kenne die Teile des Computers:

1: _____

2: _____

3: _____

4: _____

5: _____

Datum _____

Prüfer/in _____

Was ich am Computer kann:	Datum/ Prüfer/in
Ich kann den Computer hoch- und herunterfahren.	
Ich kann WORD starten.	
Ich kann große und kleine Buchstaben schreiben: (Beispielsatz einkleben)	
Ich kann Wörter verbessern und verändern.	
Ich kann meinen Text speichern.	
Ich kann meinen Text ausdrucken.	
Ich kann mit Paint malen.	
Ich kann mit diesen CDs arbeiten:	

KV 59: Mathepass

Denkaufgaben

Eigene Aufgaben

Erfindungen und Entdeckungen

Mathepass

für _____

Klasse _____

KV 60: Forscherdiplom

Mein Forscher-diplom

Mathematikforscher

_____

hat am _____

das Diplom als Mathematikforscher

für die Klasse _____ erworben.

Mein Versuch:		Forscher-arbeit	Datum	Kommentar
Meine Frage:				
Meine Arbeit:				
Das weiß ich nun:				

Neue Frage?

Stempel

_____

Das Forscherdiplom

Mit Diplomen kommen auch prozessbezogene Kompetenzen wie entdecken, beschreiben oder begründen zum Ausdruck. Hier haben die Kinder über einen längeren Zeitraum die Möglichkeit, eine bestimmte Anzahl speziell mit Forscheraufgaben gekennzeichnete Arbeitsaufträge zu bearbeiten und bei der Lehrerin einzureichen. Diese überprüft, gibt die Arbeiten ggf. noch einmal zur Überarbeitung zurück und überreicht später auch das Forscherdiplom. (KV 60 s. S. 129)

Die Portfolio-Mappen

Die Idee des Portfolio ist eine Zusammenstellung von Dokumenten, die die eigene Leistung repräsentieren. Angelehnt ist diese Art der Sammlung an künstlerische Bewerbungsverfahren. Arbeitsergebnisse im Sinne „Das habe ich gemacht" werden dort gesammelt. In der Schule können solche Mappen verschiedene Typen von Dokumenten beinhalten:

- Themenbezogene Arbeitsergebnisse
- Schülerreflexionen von der eigenen Arbeit wie auch von Teamarbeiten
- Rückmeldungen von anderen Kindern und der Lehrerin

Portfolios bieten eine gute Möglichkeit, Kinder in den Prozess der Bewertung ihrer Leistungen einzubeziehen. Bei der Auswahl der Dokumente reflektiert das Kind die eigene Arbeit in Bezug auf das angestrebte Lernziel. Schriftliche Reflexionen über Arbeitsergebnisse geben einen Einblick über die Vorgehensweise und eventuell auftretende Hindernisse. Durch regelmäßige Gespräche und transparente Zielvorgaben kann das Portfolio zur Dokumentation der Leistungen herangezogen werden.

Die Lernverträge

Lernverträge sind schriftliche Vereinbarungen zwischen Schüler – Lehrerin – Eltern. Sie halten Zielvereinbarungen fest (Daran möchte ich als Nächstes arbeiten.) und werden nach einer festgelegten Zeit wieder im gemeinsamen Gespräch evaluiert.

1.7 Wir bewegen und erholen uns

Bewegungspausen und entspannende Erholungsphasen kommen dem Bedürfnis der Kinder entgegen und können als regelmäßig wiederkehrende Elemente des Schulvormittages in besonderer Weise rituell gestaltet werden. Dadurch werden sie zur Gewohnheit und entlasten vom Entscheidungsdruck. Rituale helfen Bewegung auszuleben und sie wieder in ausgleichende Bahnen zu lenken, um innere Ruhe zu finden.

Ziel: Den Bewegungsdrang der Kinder aufnehmen

„Gymi"
Die Kinder können den Tag mit gymnastischen Übungen beginnen, um sich warm und beweglich oder in einer Pause fit zu machen. Jeden Tag darf sich ein anderes Kind den „Gymi", das Symbol des Gymnastikmaskottchens, anstecken und dadurch zum Vorturner der Übungen werden. Auf Gymi-Karten werden weitere Ideen der Kinder festgehalten. (KV 62 s. S. 142)

Der Langschläfer
Die Geschichten des Langschläfers können mit verschiedensten Dehnungsaufgaben gefüllt werden. Die Kinder schlüpfen in seine Rolle und wachen mit Verrenkungen, Streckversuchen oder anderen Aktionen auf. Den Wecker oder den Erzähler spielt täglich ein anderes Kind.

Der Bildhauer
Ein Bildhauer wird je Gruppe gewählt, der den anderen Kindern der Reihe nach die Hand gibt und sie im Kreis dreht. Auf ein Zeichen des Spielleiters muss er sein Werk loslassen. Dieses steht nun ganz still, darf aber vom Bildhauer noch geformt werden. Aus den Standbildern wird jenes ausgewählt, das sich zwar bewegen lässt, aber sich selbst niemals bewegt. Es kann jetzt zum Bildhauer werden. Gerade bewegungsaktive Kinder kontrollieren in diesem Spiel ihre Körperlage und steuern ihre Bewegungen.

Seiltänzer
Auf einem gedachten oder aufgemalten Seil können die Kinder frei oder nach Vorgaben balancieren. Dabei sollten sie eine bestimmte Strecke zurücklegen. Sie dürfen sich auch von einem Partner führen lassen und blind gehen. Diese Zirkusnummer wirkt durch begleitende Musik besonders motivierend und darf mit weiteren Balanciernummern ausgeweitet werden.

Verzaubern

Die Kinder können ein Sandsäckchen balancieren. Fällt es herunter, muss das Kind verzaubert stehen bleiben. Wird es von einem anderen Kind berührt, ist es erlöst.

Ziel: Bewegungspausen rituell gestalten

Der Bogenschütze

Die Kinder spannen einen gedachten Bogen wie in Zeitlupe, visieren ein Ziel an und schießen den Pfeil entschlossen auf einen gedachten Punkt ab. Dabei wird jede Bewegung langsam und bewusst ausgeführt und leitet die Kinder zu selbstkontrollierten Bewegungsformen an.

Das Nasenrennen

Eines von vielen Geschicklichkeitsspielen ist das Weitergeben eines Gegenstandes in der Gruppe von Nase zu Nase oder von Stirn zu Stirn. Die Kinder passen dabei ihre Bewegungen den Erfordernissen des Spieles an.

Der Dirigent

Das immer gleiche Musikstück wird von den Kindern dirigierend begleitet. Durch die Wiederholung können viele Kinder neue Kraft schöpfen.

Der Raketenstart

Die Kinder stellen sich im Kreis auf. Die Startvorbereitung der Rakete beginnt mit völliger Stille ..., dann klatschen alle zunehmend stärker in die Hände, die Füße stampfen immer fester. Ist die Rakete startbereit, schleudern die Kinder die Arme nach oben und springen in die Luft.

Steigt ein Riese auf die Wiese

Mit dem Reim „Steigt ein Riese auf die Wiese..." beginnen die Kinder aus der Hocke langsam nach oben zu steigen, bis die Bewegungsaufgabe angesagt wird: „...,boxt so gut er kann." „Alle Riesen boxen, boxen – alle halten an." Variationen können sein: Pflückt Äpfel so gut er kann; Krabbelt so schnell er kann; Tanzt so gut er kann; Hüpft so gut er kann.

Ziel: Zu Entspannung finden

Rückenmassage

Das gegenseitige Berühren hilft den Kindern nicht nur Barrieren zu überwinden, sondern auch Gemeinschaftsgefühle zu entwickeln. Den Kindern können

Entspannungswege aufgezeigt werden. Welche Geschichten, ob sanft oder auch lustig, zu Berührungsspielen erzählt werden, spielt in Bezug auf die Motivation, die Art und die Stärke der Berührung eine Rolle. Beispielsweise kann ein Pizzabäcker auf dem gebückten Rücken des Partners, der das Blech mit dem Teig darstellt, arbeiten. Womit die Pizza belegt wird, kann durch gemeinsames Sprechen und Darstellen, phantasievoll ausgeweitet werden. Die Stärke dieser Rituale, auch als Fuß-, Hand- oder Kopfmassagen, liegt aber vor allem in der gleichbleibenden Wiederholung.

Im Wohlfühlkreis

Die Kinder sitzen im Kreis. Auf ein vereinbartes Zeichen drehen sich alle Kinder nach links. Jedes Kind schaut nun auf den Rücken seines Nachbarn. Aufgabe ist es jetzt, den Rücken gut zu behandeln: durch Streicheln, Massieren oder leichtes Rubbeln. Jeder, der einen Rücken behandelt, bekommt gleichzeitig selbst eine Behandlung, die ihm gut tut.

Im Fühlgarten

Die Kinder gehen durch den Raum. Ertönt die Triangel, hören sie die Fee sprechen: „Alle fassen etwas an, das die Farbe von Baumstämmen hat; Alle suchen etwas, das so kalt wie ein See ist; Alle sitzen auf etwas, das die Farbe von Steinen hat; Alle fassen mit dem Finger etwas an, das die Farbe der Schlüsselblume hat; Alle suchen etwas Kuscheliges; Alle verstecken ihre Hände im

Gras; Alle stehen mit dem Rücken an etwas ganz Hartem; Alle berühren mit dem Finger etwas, das die Farbe von Blättern hat."

Ohrenspaziergang
Alle Fenster und Türen des Klassenzimmers werden weit geöffnet. Kinder und Lehrerin setzen sich entspannt auf ihre Stühle, dabei können die Augen geschlossen werden. Nun lauschen alle den Geräuschen, die in das Klassenzimmer dringen. Nach einer Weile dürfen die Kinder von ihren Hörerlebnissen auf ihrem Spaziergang berichten.

Im Dschungel
In Anlehnung an das Dschungelbuch können die Kinder in Tierrollen schlüpfen und, von entsprechender Musik begleitet, Bewegungen von Elefanten, Affen oder Schlangen nachahmen. Diese Bewegungspause kann mit dem Lied von Balu: „Versuch's mal mit Gemütlichkeit,...", das alle gemeinsam mitsingen, beendet werden.

Das Käferlied
Kinder gewinnen erst allmählich Zutrauen zu Berührungen anderer Kinder. Zu Musik können die Kinder einen Käfer auf verschiedenen Körperteilen krabbeln lassen. Setzt die Musik aus, hüpft der Käfer auf das nächste Kind und krabbelt dort weiter. Fängt die Musik wieder an zu spielen, ist der Käfer wieder zurück.

Ziel: Den Tag rhythmisieren

Im Indianerdorf
Nach rhythmischer Musik bewegen sich die Kinder, gemäß dem Brauch der Indianer, tanzend um ein gedachtes Lagerfeuer.

Aerobic
Zu selbst gewählter Musik im 4/4 Takt können die Kinder nach einer kurzen Aufwärmübung mit Aerobic beginnen. Marschieren, Kicks nach vorne und zur Seite, Hampelmann oder side steps werden mit entsprechenden Armbewegungen kombiniert. Die Choreographie beginnt ganz einfach mit der Kopplung einer Grundbewegung und der entsprechenden Anweisung. Das Abklingen der Aerobiceinheit zeigt eine Dehnungsübung mit beruhigender Musik an.

Das „kleine ES" im Watteland
Die Kinder stehen dazu im Kreis, um zu einer Geschichte aus dem Watteland ein in der Hand liegendes Wattebällchen, das „kleine ES, zu bewegen. Bei-

spielsweise wird ein Arm langsam von oben nach unten bewegt, um das „kleine ES" bis über die Berge blicken zu lassen. Die Augen verfolgen die Bewegung. Oder das „kleine ES" wandert von einer Hand in die andere, weil es einen Fluss überqueren muss. Kommt Wind auf, wird das „kleine ES" angepustet, zunächst sanft, damit es nicht herunterfällt. Danach steigert sich das Pusten, bis das „kleine ES" davonfliegt. Mit den Augen wird der Fall verfolgt. Ob mit Partnern, mit dem Einsatz des ganzen Körpers oder auch der Zehen, die „kleinen ES-Geschichten" regen die Kinder zum Weitererzählen an.

Wunschbälle
Jede Gruppe wirft einen Softball von Kind zu Kind. Wird er gefangen, darf sich das Kind selbst oder einem anderen Kind etwas wünschen.

Die beweglichen Fünf

Um Kinder zu veranlassen, eine Bewegungsaufgabe gemeinsam zu lösen, wird das Spiel „Die beweglichen Fünf" ausgerufen. Die Kinder gehen frei im Raum zu Musik. Wird die Musik leise, zeigt ein Kind eine Aufgabenkarte. Die Gruppen bilden sich immer wieder neu und lösen gemeinsam die gestellte Aufgabe: Einen Buchstaben darstellen, sich im Kreis bewegen, eine Fallschirmspringerformation am Boden bilden oder einen Zug fahren. Die Kinder entwickeln schnell eigene Ideen, auch für andere Gruppenstärken und notieren sie auf den Karten.

Der Zauberstab

Das Lineal als Zauberstab kann auf dem Handrücken schweben, auf dem Finger stehen, zwischen Mund und Nase kleben, auf dem Kopf liegen, zwei Partner verbinden, auf dem Fußrücken fliegen oder zwischen den Knien stecken. Ein Zauberkind gibt die Zauberaufträge. Sie werden elegant und so publikumswirksam wie möglich von allen Kindern ausgeführt.

Der fliegende Teppich

Auf einem Tuch oder einer Zeitung wird eine Reisegeschichte mit vielen Stationen erlebt. Der Teppich fliegt mit einer geheimnisvollen Person in ein bestimmtes Land. Auf dem Teppich kann zum Beispiel der Schlangentanz vorgeführt werden, um landen zu können. (KV 63 s. S. 142)

Der Hase und der Igel

Die Kinder laufen auf der Stelle und bringen möglichst die Fersen bis zum Po. Nach einer Weile rufen sie: „Bin schon da!" Nach einer kurzen Verschnaufpause geht der Wettlauf weiter. Durch Zeigen eines Piktogramms von Hase oder Igel kann der Wettlauf gesteuert werden.

Das Spiegelbild

Zwei Kinder stehen sich gegenüber. Ein Kind gibt die Figur und Bewegungsabfolge vor, die das Gegenüber spiegelbildlich nachahmt.

Im Geräuscheland

Geräusche wie Klatschen, Stampfen, Patschen oder Schnalzen können eine Geschichte rhythmisch begleiten. Die Kinder ahmen, auch bei geschlossenen Augen im Raum verteilt, Geräusche nach. Haben sie den Rhythmus erkannt und machen alle im gleichen Takt mit, wird das Geräusch gewechselt. Der Schwierigkeitsgrad lässt sich steigern und der Rhythmus wird zunehmend von Kindern vorgegeben.

Das ferngesteuerte Auto

Zwei Kinder nehmen sich am Arm und bilden das Auto. Ein Kind steuert es durch Zurufe oder mit Hilfe von Instrumenten. Das Auto fährt dann in die entsprechende Richtung.

Sich nahe kommen

Die Kinder bewegen sich zu einer Musik frei im Raum. Wird die Musik leise, suchen sie sich den nächsten Partner und können ihm über den Kopf streicheln, die Hände aneinander klatschen, ihn einhaken und sich zusammen im Kreis drehen, am Ohrläppchen zupfen, am Kinn kraulen oder über den Rücken streichen.

Der Gänsemarsch

Die Kinder gehen mit geschlossenen Augen hintereinander. Ein Kind sucht sich ein Stelle im Raum und spielt dort kurz auf einem Instrument. Alle Kinder müssen in die Richtung zeigen, aus der dieser Ton erklingt. Beim Öffnen der Augen sehen die Kinder, ob sie richtig gehört haben.

Die ruhige Minute

Um nach dem Raumwechsel oder der Pause zur Ruhe zu kommen, legen die Kinder die Arme auf den Tisch und den Kopf auf die Arme. Sie schließen dabei die Augen und träumen. Die Lehrerin beendet diese Zeit z.B. mit einem „Danke".

Zur Ruhe kommen

Die Lehrerin gibt folgende Hinweise: „Setze dich bequem hin, atme ruhig ein und aus und versuche zur Ruhe zu kommen. Du kannst jetzt deine Augen schließen." Nun kann die Fantasiegeschichte oder eine Entspannungsübung beginnen. Für die Rücknahme eignet sich folgender Text: „Jetzt kommst du allmählich wieder zurück ins Klassenzimmer. Strecke deine Arme und atme tief aus und ein. Jetzt öffnest du langsam wieder die Augen."

Schlafwandler

Nach aufwühlenden Spielen im Sportunterricht legen sich die Kinder auf den Boden und kommen zur Ruhe. Ist es ganz leise, versucht ein Kind sie durch Berührung an der Schulter aufzuwecken. Berührte Kinder schlafwandeln in die Garderobe.

Die Rutschbahn

Um Spannungen abzubauen, eignet sich eine dynamische Übung in Form einer Atemübung. Die Kinder sitzen dabei im Kreis. „Stell dir vor, du kletterst eine Rutschbahn hinauf. Erst kletterst du langsam, Sprosse für Sprosse nach oben und atmest ein. Bist du oben angekommen, rutscht du hinunter und atmest aus." Diese Übung evtl. mehrmals wiederholen.

Die Luftpumpe

Die Kinder pumpen die imaginäre Luftmatratze auf. Dabei holen sie stoßweise Luft und blasen sie hinein. Zum Schluss lassen sie die Luft wieder aus.

Punkte sammeln

Zwei Kinder können miteinander spielen. Ein Kind schließt die Augen, das andere malt mit Bleistift oder Füller einen Punkt auf den Arm, die Hand, den Finger des Partners etc. Nun hat derjenige mit den geschlossenen Augen die Aufgabe, mit seinem Zeigefinger genau auf die Stelle des Punktes zu zeigen. Gelingt ihm dies, merkt er sich für seinen Treffer einen Punkt.

Kreiseln

Die Fenster im Klassenzimmer sind weit geöffnet. Jedes Kind sucht sich einen Platz im Zimmer. Alle atmen ruhig tief ein und aus. Dann schließen die Kinder die Augen und legen ihre Fingerkuppen an die Schläfen. Mit leichtem Druck führen sie kreisende Bewegungen aus: zehnmal in eine Richtung und zehnmal in die andere Richtung. Danach können sie die Augen wieder öffnen und jeder setzt sich leise zurück auf seinen Platz.

Schau genau

Jedes Kind nimmt sich einen Zettel und notiert die Buchstaben des ABC untereinander. Nun schaut sich jeder im Klassenzimmer um und sucht zu jedem Buchstaben einen Begriff, den er im Zimmer entdeckt.

Mein Ruhetier

Jedes Kind nimmt sich sein Kuscheltier. Sie hören genau darauf, was ihnen das Tier erzählt. Entspannungsmusik wirkt unterstützend.

Schattenboxen

Die Kinder brauchen bei dieser Übung Platz. Sie stellen sich vor, dass sie mit jemandem Schattenboxen. Erst wird nur mit den geballten Fäusten und Armen, später auch mit den Füßen im Sitzen geboxt. Dazu rufen sie laut aus dem Bauch heraus „Aah". Dabei darf niemand berührt werden.

138

Bewegte Bilder

Musik regt zu Bewegung an. Kinder drücken die empfundenen Rhythmen gerne auch in Form von Pinselbewegungen aus. In einem eigenen Heft werden ihre bewegten Bilder gesammelt. Auch innere Empfindungen nach einer Entspannungsübung können von den Kindern in Bilder umgesetzt werden.

Augenrollen

Diese Übung wirkt für die Augenmuskulatur entspannend. „Du hältst deinen Kopf gerade und schaust mit geöffneten Augen geradeaus, jetzt lässt du sie langsam in alle Richtungen wandern. Nun reibst du deine Hände ganz fest aneinander, bis sie richtig warm werden. Schließe jetzt deine Augen und decke deine Hände für einige Augenblicke mit deinen warmen Händen zu."

Die Schweigeminute

Zu Beginn des Tages oder auch in unruhigen Phasen können sich die Kinder hinter ihre Stühle stellen und die Augen schließen. Die Kinder schätzen jetzt, wie lange eine Minute ist und setzen sich, wenn sie meinen, dass sie vorüber ist. Nach dieser Schweigeminute kehrt eine beruhigende Stille ein, die es der ganzen Klasse ermöglicht, konzentriert weiterzuarbeiten.

Die Kreisbewegung

Alle Kinder stehen im Kreis. Ein Kind macht einen Bewegungsablauf langsam vor, ohne zu sprechen, die anderen ahmen es möglichst zeitgleich nach. Gewechselt wird durch gegenseitiges Antippen.

Ziel: Bewegung bewusst wahrnehmen und steuern

Der Summball

Alle Kinder sitzen im Kreis und schließen die Augen. Ein weicher Ball wird von der linken Hand in die rechte Hand des Nachbarn gegeben. Jeweils das Kind, das den Ball in der Hand hält, summt vor sich hin. Vielleicht findet eine zweite Spielrunde in entgegengesetzter Richtung statt.

Die Pausenzeit

Um ein Hinüberleiten in die Pause zu ermöglichen, kann schon vor dem offiziellen Pausenzeichen mit der Vorbereitung begonnen werden. Diese Zeit bietet den Kindern Gelegenheit, in entspannter Atmosphäre Essen und Getränke herzurichten, sich gedanklich auf die Pause einzustellen und zu überlegen, was sie gerne spielen möchten. Wer bereit ist, macht sich auf den Weg.

Die Pausenkiste

Die Kinder dürfen ihre Pausenbox und die Trinkflasche in eine Pausenkiste stellen, um die Hände zum Spielen frei zu haben. Der Kistendienst kümmert sich darum, dass sie im Pausenhof den Kindern bei Bedarf zur Verfügung steht. So können sich die Kinder unbelastet bewegen.

Die Spielekiste

Für viele Bewegungsspiele im Pausenhof werden Bälle, Tischtennisschläger, Hüpfgummis, Bierdeckel, Jongliertücher, Frisbies, Springseile oder Würfel in einer Kiste aufbewahrt. Die Kinder nehmen sich im Hof ihr Spielzubehör aus der Kiste. Der zuständige Dienst nimmt die Kiste wieder in das Klassenzimmer mit.

Bewegungszonen

Je nach Gestaltung des Pausenhofes helfen festgelegte Bewegungszonen, wie Spiel-, Ruhe- und Laufzonen, den unterschiedlichen Bedürfnissen der Kinder entgegen zu kommen. So dürfen die verschiedenen Temperamente ihren Bewegungsdrang ungestört ausleben und finden sich klassenübergreifend zu gemeinsamen Spielen.

Pausentipps

Wird die Pause im Haus verbracht, können die Kinder ruhige Spiele auswählen, die als Pausentipps auf von den Kindern selbst gemalten Kärtchen zusammengestellt sind.

Die Zeit der Elemente

Nach der Pause kommen die Kinder mit unterschiedlichen Erlebnissen zurück. Sie brauchen Zeit, um innere Ruhe zu finden. In der stillen Zeit lauschen die Kinder einer Musik, die zu den vier Elementen (Erde, Feuer, Luft, Wasser) passt. Jeden Tag kann ein anderes Element im Mittelpunkt stehen. Die Kinder legen den Kopf auf die Bank und überlegen z. B., ob sie zu diesem Element ein Spiel gespielt haben.

KV 61: Die 4 Elemente

KV 63: Der fliegende Teppich

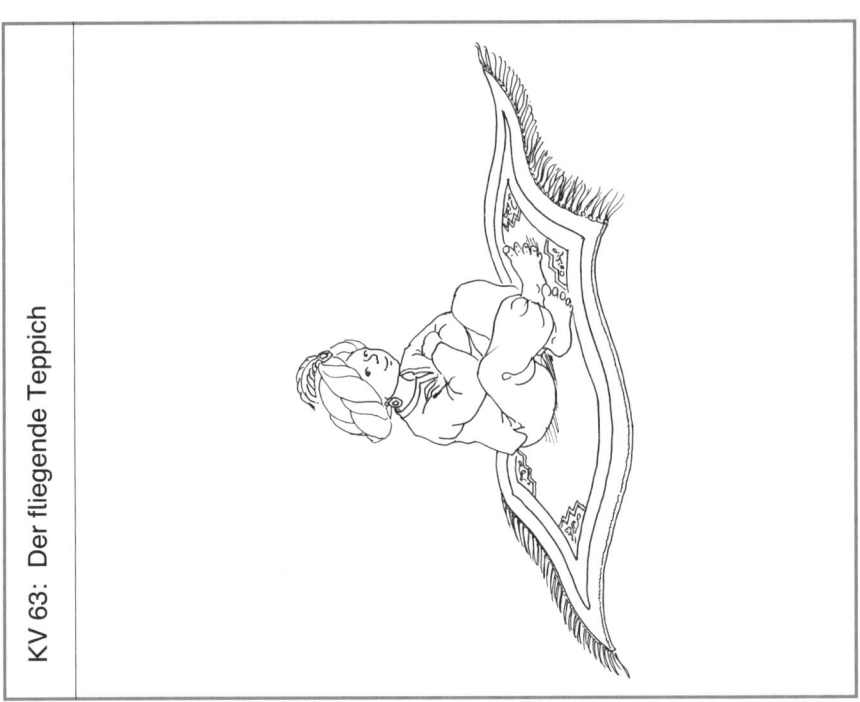

KV 62: Gymnastikmaskottchen

2. Gemeinschaftsrituale

2.1 Wir bilden eine Klassen- und Schulgemeinschaft

Rituale unterstützen die Kinder bei Übergangssituationen in der Schule und bei deren Bewältigung. Sie holen die Kinder in ihrer bisherigen Lebensumwelt ab und begleiten sie auf dem Weg in ihre neue Welt. Kinder aus unterschiedlichsten Herkunftsländern finden in Vorkursen bereits die Möglichkeit, Sprachwissen oder Verhaltensmuster zu erlangen, die für den Schulalltag und ihre positive Entwicklung förderlich sein können. Durch das Zusammenwirken aller Kräfte finden sich die Kinder eher in der Gemeinschaft zurecht.

Ziel: Defizite ausgleichen, Grundlagen schaffen

Kontakt aufnehmen

In einer Kreisaufstellung nennen Kinder ihren Namen, wenn sie den Ball gefangen haben, den ihnen die Lehrerin zuwirft. „Ich heiße..." Werfen sich die Kinder anschließend den Ball selbst zu, können sie sich bereits ansprechen. Der Dialog kann erweitert werden je nach Sprachstand der Kinder. „Ich werfe den Ball der Katrin zu." oder „Katrin, fängst du meinen Ball?"

Kreisspiele

Das Laufen im Uhrzeigersinn, das Integrieren und Mitmachen in einer Kreissituation, das faire Spielen und das Reagieren in einer Gruppe können in diesem altbekannten Spiel mit Unterstützung eines rituellen Liedtextes (Schau dich nicht um, der Fuchs geht rum...) eingeübt werden. Wird das Tuch fallengelassen und der Fuchs fängt das Kind, muss es in die Mitte.

Das Reimerlein

Um Sicherheit im Umgang mit Sprache zu erlangen, ist das Bilden von Reimwörtern sehr hilfreich. Die Kinder erhalten im Kindergarten schon vorgedruckte Bildkarten und bilden Reimpärchen. Als Steigerung können sie selbst gefundene Reimwörter auf leere Kärtchen malen und in einem Kästchen, dem „Reimerlein" zur ständigen Wiederholung und Ergänzung sammeln. Das Kästchen wird in der Schule im Rahmen der Freiarbeit weitergeführt.

Das Haus der Reime

Reimpaare können als Bildkarten auf die Vorlage gelegt werden. So werden neue Mieter einziehen, Möbel geliefert werden oder Haustiere sich einnisten. (KV 64 s. S. 144)

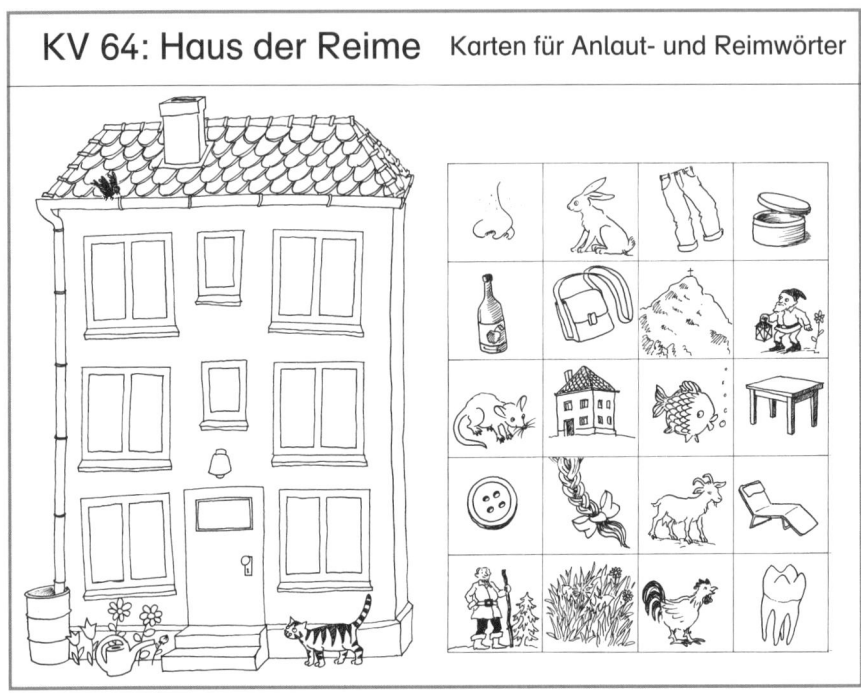

Der Lautierzug

Der Zug besteht aus Silben. Da jede Silbe einen Selbstlaut enthält, werden die Buchstaben als blaue Passagiere einsteigen und die Selbstlaute als rote Passagiere. Das Zugspiel ist eine motivierende Übungsform, die sich zur Sicherung der Sprache unermüdlich fortführen lässt. Durch genaues Lautieren und die einfache bildliche Darstellung werden Wörter zunehmend genauer untersucht: Las - ter .

Pünktchen und Antwort (oder keine Antwort ohne Pünktchen)

Um das Sprechen in ganzen Sätzen zu fördern, erhalten Kinder in Frage- und Antwortspielen bei jedem vollständig gesprochenen Antwortsatz ein Pünktchen zum Aufkleben geschenkt.

Das ist bei uns so Sitte

Mit dem Rollenspiel „Das ist bei uns so Sitte" können Erfahrungen verschiedener Länder aufgegriffen, Namen in allen Sprachen gegenseitig gelernt oder Verhaltensmuster wie Melden, Grüßen, Verabschieden spielerisch vorgestellt oder eingeübt werden. Ein Kind spielt etwa „Das Grüßen" vor mit Hand-

144

schlag, Diener, Küsschen oder Nasereiben. Die Kinder ahmen es nach. Die Handlungen werden anschließend versprachlicht, beispielsweise „In Frankreich ist es so Sitte, dass man sich dreimal küsst; In Deutschland gibt man sich die Hand und/oder sagt...".

Ziel: Den Tag der Einschreibung gestalten

Meine Vorschultüte
Wochen vor dem Einschreibetermin in der Grundschule erhalten die Kinder einen Brief mit einer großen Schultüte zum Anmalen und weiterem Füllen mit eigenen Bildern. Die Tüte wird zum Screening am Einschreibetag mitgebracht. Findet Gruppenunterricht statt, können die Schultüten als Gesprächsgrundlage, zum gegenseitigen Kennenlernen, der Fähigkeit im Umgang mit Stiften und Farben oder schon zur Überprüfung des Wortschatzes genutzt werden. Eine Schultüte an der Tafel gefüllt mit Wörtern, Zahlen und Mengen kann auf einfachste und schnelle Weise dem Feststellen der Lesefähigkeit oder mathematischen Fähigkeiten dienen. Die Vorschultüten aller Kinder, jetzt nach Klassen sortiert, stehen am ersten Schultag zum Wiedererkennen mit selbst geschriebenem Namen bereit.

Meine erste Unterrichtsstunde
Am Tag der Schuleinschreibung können zwei Lehrerinnen gemeinsam mit einer Erzieherin für jeweils etwa 8 Kinder bereits Unterricht halten. Die Kinder zeigen im Gruppenspiel wie kontaktfreudig, aufgeschlossen und geschickt sie schon sind. Spiele zu akustischer oder optischer Wahrnehmung, Würfelspiele, Übungen zu Raum-Lage-Beziehungen oder Motorik helfen, das Verhalten der Kinder genau zu beobachten. Die dem Schulalltag angenäherte Situation trägt dazu bei, die Kriterien eines Screenings wirklichkeitsnah zu erfüllen. Die Kinder sind stolz auf ihre erste Unterrichtsstunde.

Hurra, ich bin ein Schulkind
Der Tag der Schuleinschreibung sollte so gestaltet werden, dass die Kinder entweder etwas selbst Geschriebenes, Gemaltes oder Gebasteltes an der Schule lassen, das sie dann am ersten Schultag wieder entdecken oder ein Geschenk in Form eines Fähnchens mit entsprechender Aufschrift, dem Logo oder dem Schul-T-Shirt, das sie mit nach Hause nehmen. So wird eine Brücke vom Einschreibetag bis zum Schulbeginn gebaut.

Ziel: Den Übergang erleichtern

Die Schnupperstunde

Die Kinder der ersten oder zweiten Klasse können zukünftige Schulkinder zu sich in die Klasse zu einer Schnupperstunde einladen. Die Kindergartenkinder nehmen an einer besonders dafür gestalteten Unterrichtseinheit teil, um die Schule kennenzulernen.

Die drei Räuber

Die Kinder hören der Geschichte von den drei Räubern (Tomi Ungerer, Die drei Räuber. Diogenes Verlag. Zürich 1971) zu, die im Ganzen vorgelesen wird. Im Anschluss daran haben sie die Möglichkeit, Elemente der Geschichte bildnerisch zu gestalten. Als Erinnerung dürfen die Gäste das gemeinsam gestaltete Plakat, eine Räuberwiese, mitnehmen.

KV 65: Räuber

© Oldenbourg Schulbuchverlag GmbH, PRAXIS Bibliothek 254, Hilfreiche Rituale im Grundschulalltag

Das Schatzsäckchen

Die Schnupperkinder können ein kleines „Schatzsäckchen" als Geschenk erhalten, verbunden mit der Anregung, viele Schätze bis zum Beginn der Schule darin zu sammeln und das gefüllte Säckchen zum Schulanfang wieder mitzubringen.

146

Die Schnupperwand

Fotos und Ergebnisse des Schnuppertages können an einer dafür bereitgestellten Fläche sowohl im Kindergarten als auch in der Schule ausgestellt werden.
Sie stellen für die Kinder eine Verbindung beider Lebenswelten dar und erinnern an den schönen Tag. Sie kann durch Einladungen, Patenbriefe oder Bilder weiterwachsen.

Das Schulmaskottchen

Am Einschreibetag erhalten die zukünftigen Schulkinder ein Zeichen und nehmen dies mit nach Hause, das sie als kommende Schulkinder ausweist. Die
Kinder schwenken zum Beispiel ein Fähnchen oder können sich die Identifikationsfigur der Schule umhängen. Darauf steht als Text beispielsweise:
„Hurra, ich bin ein Schulkind !" (KV 66 s. S. 149)

Das Begrüßungsplakat

Am Einschreibetag kann ein Plakat entstehen, das am ersten Schultag die Kinder begrüßt und dem Kind hilft, Vertrauen aufzubauen. Jeder Schulanfänger
darf sich beispielsweise eine vorbereitete Blume aussuchen, auf der er seinen
Namen schreiben oder sich malen kann. Die Blumen lassen eine Blumenwiese
wachsen. (KV 67 s. S. 149)

Ziel: Mit der Schule vertraut werden

Tag der offenen Tür

Die Eltern und ihre zukünftigen Schulkinder werden zu einer besonderen Ausstellung ihrer Aktivitäten von der Schule eingeladen. Die Kinder können
Schülerarbeiten begutachten und lernen ein Stück der neuen Lebenswelt kennen. Eltern knüpfen vielleicht mit den Lehrerinnen erste Kontakte und bauen
Ängste ab. Dadurch entstehen Identifikationsansätze und es wird bewusst
gemacht, dass die Kinder unter bestmöglichen Bedingungen starten.

Die Schulkarte

Das entwickelte Schulprofil kann Kindern und Eltern in Postkartenform, als
Visitenkarte oder als Flyer überreicht werden. Sie spiegeln die Besonderheiten
dieser Schule in moderner Form wieder. Die ebenfalls aufgedruckten Kontakt-
adressen der Grundschule bieten den Eltern schnellstmögliche Information.

Der Internet-Auftritt

Die Darstellung der inneren Schulentwicklung auf einer eigenen Internet-
Seite ist eine Form moderner Präsentationsmöglichkeiten und informiert

Eltern über die zukünftige Schule ihres Kindes. Beiträge aus dem Schulleben, Hinweise für den Schulanfang oder eine eigene Seite für die Schulanfänger können helfen, sich mit dem neuen Umfeld vertraut zu machen. Hinweise auf aktuelle Termine in einem Schulkalender werden häufig von Eltern abgefragt.

> Als Beispiel siehe z. B. folgende Homepage:
> www.gaenselies.musin.de

Ziel: In die Schulgemeinschaft aufgenommen werden

Die „Herzlich Willkommen"-Feier

Der erste Schultag wird in besonderer Weise für die Anfänger gestaltet. Ältere Kinder können eine kurze Aufführung zum Schulalltag darbieten, Herzlich-Willkommen-Lieder singen, ABC-Tänze oder ein Rollenspiel zum neuen Lebensabschnitt darstellen. Patenkinder begleiten die Anfänger in die Klassen oder bilden ein Spalier, wenn die Schulanfänger von ihren neuen Lehrerinnen abgeholt werden.

Der Fotopoint

Das Fotografieren am ersten Schultag wird durch einen besonders dafür ausgewiesenen und schön gestalteten Platz für die Eltern erleichtert. Das Schullogo oder eine Identifikationsfigur werden gerne mit auf das Bild genommen.

Das Klassensymbol

Jede Klasse erhält vom Elternbeirat in Absprache mit den Klassenlehrerinnen ein Symbol, das die Kinder am ersten Schultag als Kärtchen z.B. mit einer Brezel umgehängt bekommen und das an der Klassenzimmertüre als großes Plakat zur besseren Orientierung hängt.

Das Willkommensgeschenk

Die Kinder, die eine Patenschaft übernommen haben, überreichen den Schulanfängern z. B. ein kleines Willkommensgeschenk in Form einer Blume, eines gebastelten Glückskäfers oder eines Herzens mit dem Gruß: „Viel Spaß in der Schule!"

Die ersten Schritte

Aufgeklebte Füße weisen den Schulanfängern den Weg in ihr neues Klassenzimmer. (KV 68 s. S. 149)

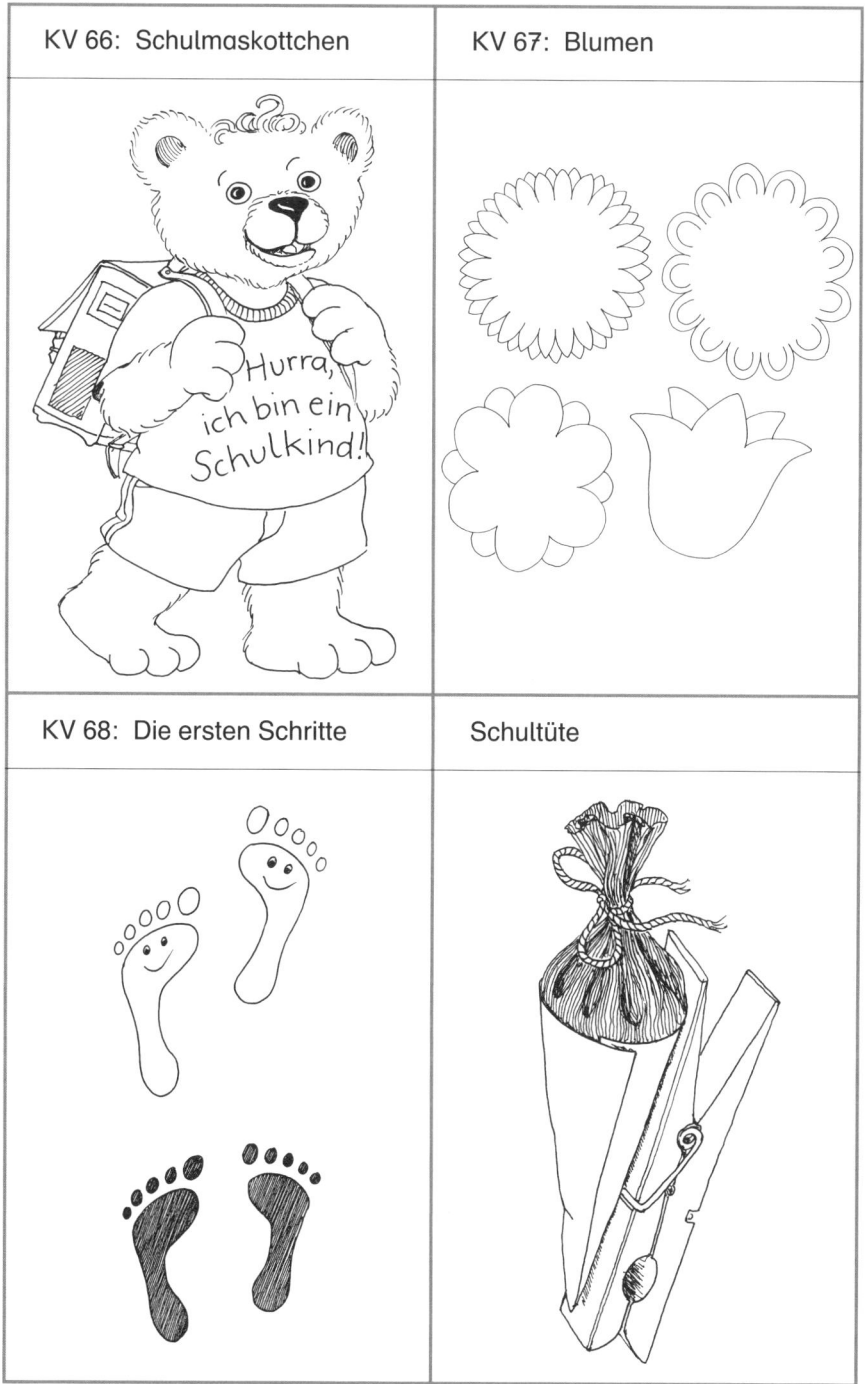

KV 66: Schulmaskottchen

Hurra, ich bin ein Schulkind!

KV 67: Blumen

KV 68: Die ersten Schritte

Schultüte

KV 69: Namensschild	KV 70: Zum Umhängen

Die Schultüte

Ein bewährtes Ritual ist die Schultüte als Symbol für den neuen Lebensabschnitt. Jedes Kind erhält von der Lehrerin eine Klammer, auf die eine kleine Schultüte mit einer Überraschung für zu Hause geklebt ist. (S. S. 149)

Mein Namensschild

Nach der Begrüßung dürfen sich die Schüler ihre Namenskärtchen auswählen und auf ihren Platz stellen. Auf den Namensschildern kann sich zusätzlich ein Symbol befinden, das den Kindern hilft, ihren Platz wiederzufinden. (KV 69 s. oben)

Das tragbare Namensschild

Die Schulanfänger können sich in den ersten Schultagen ein eigenes Namensschild umhängen. (KV 70 s. oben)

Die Klassenfigur

Die Lehrerin stellt den Kindern mit einer Erzählung die Klassenfigur vor. Sie ist nun ständiger Begleiter in den beiden ersten Schuljahren. Sie hilft, eine Atmosphäre des Vertrauens, der Sicherheit und Geborgenheit herzustellen.

Die Bärenklasse

Neben den offiziellen Bezeichnungen für eine Klasse können sich die Kinder auch einen eigenen Namen für ihre Gemeinschaft geben.

Ziel: Verantwortung übernehmen

Das Interview

Um den Banknachbarn besser kennenzulernen, befragen die Kinder ihn so lange, bis er verneint. Die Kinder können durch Fragen, wie: „Fährst du gerne Fahrrad?" oder „Isst du gerne Pizza?" Hemmungen abbauen, mit anderen ins Gespräch zu kommen.

Rate mal

Die Lehrerin beschreibt ein Kind und die Klasse rät, wer gemeint ist. Die Kinder schauen sich dabei genau an und lernen sich schnell kennen. Jeden Tag kommen einige Kinder an die Reihe.

Die Vorstellungsrunde

Damit ein neues Schulkind bald alle Kinder der Klasse kennenlernt, versammelt sich jeden Morgen eine Kleingruppe zu einer kleinen Vorstellungsrunde. Hier haben die Kinder die Möglichkeit, sich mit Namen, Lieblingssport usw. dem neuen Kind vorzustellen.

Die Krankenpost

Der Banknachbar übernimmt gerne die Verantwortung für den Platz des fehlenden Kindes. In einer schön gestalteten Mappe werden alle Aufgabenblätter, Hefte und Bücher, die an diesem Tag benötigt wurden, gesammelt. Entweder übernimmt ein in der Nähe wohnendes Kind die Krankenpost oder die Eltern holen sie ab. Wünsche zur Guten Besserung, Bilder und Briefe von den Kindern sowie die Hausaufgaben gehören dazu. Ist das kranke Kind nicht erreichbar, wartet die Krankenpost auf seinem Platz und es ist eine große Freude, wenn sie geöffnet wird.

Ziel: Mit Partnern gemeinsam Schule gestalten

Mein Pate

Die zukünftigen Schulkinder wählen sich aus der Schnupperklasse ein Patenkind aus. Die Paten sind für die Schulanfänger Ansprechpartner und Helfer. Sie holen zum Beispiel die Kinder zur Pause ab, spielen mit ihnen oder helfen bei Schwierigkeiten. Im Laufe des Schuljahres werden Unterrichtsphasen und Projekte gemeinsam gestaltet. Die Klassen können sich auch gegenseitig zu verschiedenen Anlässen einladen und beispielsweise miteinander lesen.

Der Patenbrief

Die Patenkinder können an die Schulanfänger persönliche Briefe schreiben und ihnen mitteilen, dass sie sich schon darauf freuen, sie in der Schule begrüßen zu dürfen.

Wir sind die Paten

Die Paten werden gemeinsam mit ihrem Patenkind fotografiert und mit Namen an einem festen Platz im Schulhaus vorgestellt. So wird die Verantwortlichkeit für alle dokumentiert. Der Platz kann auch zum Informationsaustausch für die Paten als Pinnwand genutzt werden.

Schulpartnerschaften

Klassen können eigene Partnerschaften zu anderen Schulen aufbauen und pflegen. Das Internet bietet auch die Möglichkeit, Kinder aus anderen Ländern kennenzulernen. Im Rahmen verschiedener Förderprogramme können auch gegenseitige Schüleraustausch Wochen stattfinden (z.B. Kreisjugendring, Comenius).

Die Sportpartnerschaft

Unter den einzelnen Klassen entwickeln sich vielleicht Partnerschaften, wie eine Sportpartnerschaft. Klassen, die nacheinander Sportunterricht haben, teilen sich die zeitaufwändige Arbeit des Auf- und Abbauens der Geräte.

Ziel: Kommunikation ermöglichen

Die Litfasssäule

Eine runde Sache kann die Informationswand für Kinder werden. Alle Arten von Mitteilungen, die sich Kinder oder Klassen gegenseitig zukommen lassen wollen, werden hier angepinnt. Ein Schülerteam kann zusätzlich Regeln für Form und Inhalte erstellen und verantwortlich pflegen, um ein für alle hilfreiches Forum zu schaffen.

Der Meeting Point

Nicht nur klassenübergreifende Treffen können je nach Absprache am Meeting Point stattfinden. Dieser Treffpunkt ist besonders gekennzeichnet und ist somit hilfreich als Ausgangspunkt für Unterrichtsgänge, Treffen mit Eltern, Übergabe von Hausaufgaben oder Krankenpost und vielen anderen Anlässen.

Die Wandzeitung

In der Aula dokumentiert eine sich ständig verändernde Wandzeitung, welche Ereignisse an der Schule gerade aktuell sind. Jede Klasse, die etwas Interessantes mitteilen möchte, erhält hier die Möglichkeit. So fließen die Informationen allen Kindern zu und die Klassen öffnen sich füreinander.

Die Kunstausstellung

Im ganzen Schulhaus können die Wände und Aufgänge mit Wechselrahmen bestückt werden, um dort Zeichnungen der Kinder auszustellen. Die Bilder werden in Zeitabständen gewechselt. Alle, die durch das Schulhaus gehen, haben so die Möglichkeit, das Schaffen der Kinder mitzuverfolgen. Auch aktuellere Arbeiten über den Garderoben oder vor den Klassenzimmern einzelner Klassen werden stets bewundert und verschönern das Schulhaus.

Die vier Jahreszeiten

Zum Jahreszeitenwechsel übernimmt je eine Jahrgangsstufe die Gestaltung der Aula. Alle Kinder beteiligen sich daran und fühlen sich für ihre Aula verantwortlich. Das Schulhaus wird so zum Ausstellungsort.

Ziel: Der Gemeinschaft zugehörig fühlen

Das Gästebuch

Bei Schulveranstaltungen wird das Schulgästebuch ausgelegt. Auch die Klassen können ein eigenes Gästebuch anlegen.

Der Klassenbrief

Jede Klasse kann einen Monatsbrief erstellen. Darin informiert sie die anderen Klassen über Vorhaben, Planung von Zusammenkünften, Neuigkeiten usw. Auch so wird eine Öffnung der Klassen zu einander erreicht.

Heute begrüßen wir

In der Aula steht eine Tafel, auf der Gäste angekündigt und vorab begrüßt werden, um alle Schulmitglieder über deren Anwesenheit in Kenntnis zu setzen. Sie dient z.B. auch dem weiteren Informationsaustausch über Klassen, die unterwegs sind.

2.2 Wir bilden eine Eltern- und Schulpartnerschaft

Rituale helfen bei der Zusammenarbeit zwischen Elternhaus und Schule. Eltern und Lehrerinnen können sich bei organisatorischen Aufgaben und Unternehmungen unterstützen. Die Schule hat die Möglichkeit, ihre Arbeit transparent zu machen und erreicht somit engagierte Eltern, die sich in die schulische Arbeit einbringen möchten. Institutionell vorgesehene Elterntreffen sind ebenso wichtig wie zu bestimmten Anlässen einberufene Treffen.

Ziel: Gemeinschaft leben

Der Elternabend
Der Elternabend stellt zum Schuljahresanfang ein Forum dar, um Informationen auszutauschen und sich kennenzulernen. Die Kontaktaufnahme kann mit Hilfe eines Spieles erleichtert werden. Ein Postkartenpuzzle bietet einen guten Anlass, sich in Kleingruppen zusammenzufinden, um sich gegenseitig vorzustellen. Auf diese Weise entwickeln sich leichter erste Gespräche in einer offenen und angenehmen Atmosphäre.

Das 3+3+3-Gespräch
3 Eltern sprechen 3 Minuten lang über 3 auf Kärtchen notierte Fragen. Anschließend wechseln sie die Gruppe. Auf diese Weise kommen in relativ kurzer Zeit viele Eltern miteinander in ersten Kontakt. Die Fragen können beispielsweise lauten: Was möchte ich an Gedanken vor der Türe lassen, um mich auf den Elternabend konzentrieren zu können? Was soll unbedingt besprochen werden? Was wünsche ich mir für mein Kind?

Verbindliche Inhalte für den ersten Elternabend
Im Rahmen innerer Schulentwicklung können gemeinsame, für alle Klassen verbindliche Ziele für das Verhalten, die Organisation und Verfahrensweisen festgelegt werden. Diese stehen den Lehrerinnen als Informationsgrundlage in Form einer Checkliste zur Verfügung.

Das Wochenblatt
Auf diesen immer gleich strukturierten Blättern kann die Lehrerin den Eltern Informationen zu geplanten Vorhaben und Projekten für die folgende Woche mitteilen (s. S. 155).

Das Wochenblatt

Liebe Eltern,   27.03.2007

wir wollen am **Freitag, den 30.03.** ein kleines „Osterfrühstück" machen. Bitte
geben Sie Ihrem Kind ein Set, ein Schälchen, eine Tasse (Becher) und einen kleinen
Teller mit dem dazugehörigen Besteck (Löffel, Messer) mit.
Schön wäre es, wenn Sie noch einen kleinen „Aufstrich" oder eine „Zutat" für unser
Frühstück beitragen könnten (z.B. Marmelade, Nutella, Kaba, Cornflakes etc. ...)
Für Semmeln, Butter und Milch wird gesorgt. Schon jetzt ganz herzlichen Dank!

Am **Freitag** gilt der sogenannte **Kurzstundenplan**. Jede Unterrichtsstunde dauert
anstelle von 45 Minuten **30 Minuten**.
Die Kinder der **Klasse 1a** haben um **10.20 Uhr Unterrichtsende**. Es fährt der
Schulbus.
Kinder, die in die Mittagsbetreuung gehen, können bis zum Beginn der
Mittagsbetreuung (11.20 Uhr) bei mir bleiben.

Ich wünsche Ihnen schöne Osterfeiertage.

Mit freundlichen Grüßen

Ziel: Das Fördern der Kinder unterstützen

Das Elternheft

Das Heft hat einen festen Platz in der Schultasche und dient als Übermittler von Nachrichten zwischen Elternhaus und Schule. Eltern und Lehrerin schreiben ihre Mitteilungen in das Heft.

Die Sprechstunde

Die Sprechstunde, ein fester Zeitpunkt in der Woche, steht den Eltern zur Verfügung, um sich informieren und aussprechen zu können. In vertrauensvoller Atmosphäre und angenehm gestalteter Umgebung können wertvolle Gespräche geführt werden. In partnerschaftlichem Umgang werden Fördermöglichkeiten für die Kinder in Kooperation mit den Eltern entwickelt. Eine ansprechend gestaltete Einladungs- oder Anmeldungskarte unterstützt dieses Vorhaben.

Der Elternsprechabend

Auch berufstätige Eltern können an zwei verbindlich festgelegten Abenden im Schuljahr mit den Lehrerinnen ihres Kindes persönlich sprechen.

Der Elternstammtisch

Eltern möchten sich möglicherweise auch außerschulisch treffen und die Lehrerin dazu einladen. Dies kann ebenso zu einer förderlichen Atmosphäre beitragen.

Die Elternwerkstatt

Im Sinne einer Werkstattarbeit helfen Eltern mit, Lernmaterialien für Differenzierung und Freiarbeit herzustellen bzw. zu basteln. Eltern haben dabei die Möglichkeit, sich besser kennenzulernen und Erfahrungen auszutauschen. Die Zusammenarbeit zwischen Schule und Elternhaus wird dadurch positiv gefördert.

Ziel: Gemeinsame Erziehungsarbeit leisten

Das Erziehungsforum

Eltern und Lehrerin treffen sich zu Beginn des Schuljahres, um Vorstellungen und Leitlinien einer gemeinsamen Erziehungsarbeit zu entwickeln. Die Hausordnung der Schule kann im Rahmen des Forums vorgestellt und erläutert sowie gemeinsame Strategien zum Erreichen festgelegter Erziehungsziele besprochen werden.

Der Elterntreff

Themenschwerpunkte für diesen Abend sind neben Erziehungsfragen auch Blitzlichter aus dem Klassenleben, neue Lehrwerke und Materialien, Beiträge für die Klassenzeitung, die Internet-Seite der Schule oder ein Schullandheimaufenthalt. Darüber hinaus werden gemeinsame Aktivitäten geplant und besprochen.

Der Kennenlernabend

Die gewählten Elternsprecher aller Klassen laden die Lehrerinnen zu einem Kennenlernabend ein und initiieren somit die vertrauensvolle Zusammenarbeit bei gemütlichem Beisammensein. Dabei kann eine Kartenabfrage ermitteln, welche Wünsche Eltern für die Zusammenarbeit haben.

Der Re-Kennenlernabend

Zum Schuljahresende laden in umgekehrter Form die Lehrerinnen die Elternsprecher ein. Neben dem gemütlichen Beisammensein zum Jahresausklang können die zum Jahresanfang notierten Wünsche überprüft werden und weitere Ziele gesteckt werden.

Mitwirkung in der Kerngruppe

Schulentwicklungsprozesse können mit Eltern in verschiedenen Foren gestaltet werden. Die Kern- oder Steuergruppe hat dabei feste Aufgaben. Eltern und Lehrerinnen begeben sich mit ihrer Schule auf den Weg, um Verbesserungen für die Kinder zu bewirken.

Das Klassenfest

Es ist sinnvoll, Eltern bei diesen Festen oft einzubinden, indem sie nicht nur für das leibliche Wohl aller Beteiligten sorgen, sondern auch wichtige organisatorische Aufgaben übernehmen.

Ziel: Verantwortung miteinander tragen

Der Unterrichtsgang

Bei Theater- und Museumsbesuchen, Unterrichtsgängen und Ausflügen können Eltern als Begleitperson mitwirken.

Die Talentbörse

Eltern geben zu Schuljahresbeginn bei einer Abfrage ihre „Talente" bekannt, die bei Bedarf den Unterricht ergänzen und weitere Wissensfelder eröffnen können. Die Biologin erklärt den Umgang mit Schmetterlingsraupen, der Zitherspieler stellt sein Instrument vor, die Ärztin erklärt, wie Sonnenbrand vermieden werden kann und vieles mehr.

Der Bastelnachmittag

Von den Eltern organisierte Bastelnachmittage für die Kinder können in der Schule stattfinden. Sie verwirklichen ihre Ideen mit den Kindern und stellen das

Material in Zusammenarbeit mit der Lehrerin bereit. So lernen alle am Erziehungsprozess beteiligten Personen voneinander und entwickeln neue Ideen.

Der Lesenachmittag
Gegenseitiges Vorlesen mit Eltern und Kindern an einem Winternachmittag bringt Stille und Ruhe sowie ein wenig Abkehr von der Hektik des Alltags.

Spielend lernen
Die Kinder einer Klasse können ihre Eltern zu einem Nachmittag in die Schule einladen. Hier zeigen sie verschiedene Lernspiele, die im Unterricht benützt werden. Die Eltern spielen mit oder informieren sich. Nach dem gemeinsamen Spielen ist noch Zeit, um weitere Lernspiele zu basteln.

Die Fahrradwerkstatt
Im Rahmen der Verkehrserziehung kann immer im Frühjahr die Fahrrad-Werkstatt geöffnet werden. Sie steht den Kindern zur Überprüfung ihrer Räder auf Verkehrssicherheit zur Verfügung und wird von engagierten Vätern und/oder Müttern geleitet.

Einrichten einer Schülerbücherei
Eltern können Öffnungszeiten für Klassen zur Verfügung stellen, gespendete Bücher katalogisieren, Vorlesezeiten anbieten. Der Arbeitsaufwand einer schuleigenen Bücherei kann leichter mit Elternhilfe verwirklicht werden. Die Bücherei leistet so für die Leseförderung einen wichtigen Beitrag.

Das Sportfest
Sportfeste mit Eltern gemeinsam planen und durchführen ist im Rahmen der Schulentwicklung hilfreich. Einblicke in Messmethoden, die Leistungsfähigkeit der Kinder und den enormen Arbeitsaufwand fördern gegenseitiges Verständnis und tragen zu einem Gemeinschaftsgefühl bei.

Helfende Hände
Bei besonderen Aktionen wie Backen, Kochen und Basteln ist das Helfen von Eltern eine große Erleichterung. Sie stellen Bühnenbilder her, nähen Kostüme oder stellen Material für den Unterricht zur Verfügung. Sie fungieren als Ansprechpartner und Helfer für die Kinder. Die Mitarbeit bei der Organisation und Durchführung von Verkaufsbazaren, Flohmärkten und Schulveranstaltungen werden von Eltern verantwortungsbewusst übernommen. Auf Papierhänden werden die Elternaktivitäten im Laufe eines Schuljahres gesammelt und zu besonderen Anlässen ausgestellt.

158

2.3 Wir gestalten miteinander das Schulleben

Durch das Mitgestalten von Festen und Feiern wie auch durch das Mitwirken an Entscheidungen erfahren die Kinder, dass sie in der Schulgemeinschaft aufgenommen sind. Sie entwickeln ein Gefühl der Zusammengehörigkeit und übernehmen Verantwortung.

Ziel: Freude am Leben einbringen

Der Geburtstagskalender
Die Geburtsdaten jedes Kindes werden in einem schön gestalteten Kalender eingetragen. Das Kind, das als Nächstes Geburtstag hat, kann mit einem roten Herz markiert werden. Die anderen Kinder möchten sich bestimmt schon auf den besonderen Tag vorbereiten.

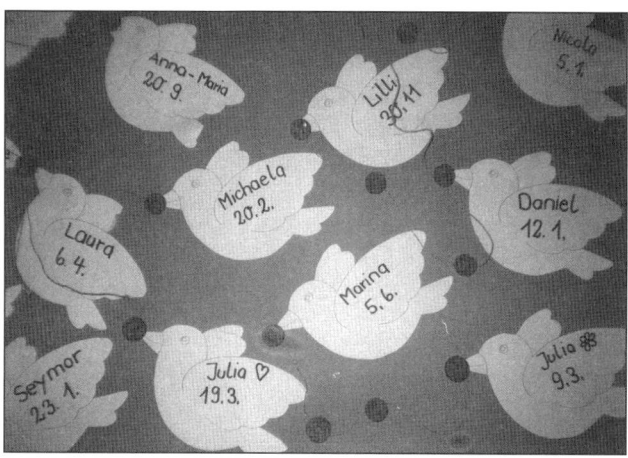

Das Geburtstagsfest
Jedes Kind feiert seinen Geburtstag in der Klasse. Es darf sich am Morgen ein Geburtstagslied wünschen, der Platz wird in besonderer Weise geschmückt, die Geburtstagskerzen werden angezündet und gemeinsam wird ein Geburtstagskuchen gegessen. Alle Kinder äußern ihre persönlichen Geburtstagswünsche. Das Geburtstagskind darf sich für diesen Tag ein Spiel aussuchen sowie ein Kind bestimmen, das am heutigen Tage neben ihm sitzen möchte. Es berichtet sicher gerne, wie der Geburtstag zu Hause begonnen hat und wie es seinen Nachmittag verbringen darf.

Ziel: Das Gemeinschaftsgefühl stärken

Die Geburtstagskette

An der Bank des Geburtstagskindes hängt eine Schnur mit vielen Wünschen in Form von Briefen oder Bildern. Am Ende des Tages darf das Kind all seine Briefchen und Bilder mit nach Hause nehmen. Darunter hängt vielleicht auch ein Gutschein für „Hausaufgaben frei"?

Die Geburtstagskiste

In einer großen Kiste befinden sich kleine Geschenke unter vielen Erbsen. Jedes Geburtstagskind darf sich aus der Kiste ein kleines Geschenk suchen.

Das Geburtstagsbuch

Die Geburtstagskinder bekommen ein ganz besonderes persönliches Buch von der Klasse geschenkt. Die Anfangsbuchstaben des Vornamens werden untereinander an die Tafel geschrieben. Gemeinsam überlegen sich die Kinder viele Namenwörter mit dem Anfangsbuchstaben. Das Geburtstagskind wählt aus den Vorschlägen sein Lieblingswort aus. Dazu malen die anderen Kinder ihm ein Bild oder schreiben eine kleine Geschichte. Diese Blätter werden zusammengeheftet und ergeben somit ein ganz persönliches Geburtstagsbuch, dessen Umschlagseite schön gestaltet wird.

Die Geburtstagsschatzsuche

Das Geburtstagskind darf sich auf Schatzsuche begeben. Zu Beginn der ersten Klasse werden die Geburtstagskinder mit Bildkarten durch die Klasse geschickt, bis sie ihren Geburtstagsschatz zum Beispiel in Form eines

Bildchens gefunden haben. Mit zunehmender Lesefertigkeit geben geschriebene Hinweiskarten Tipps, wie sie ihren Schatz finden können.

Die Geburtstagsbriefe

Das Geburtstagskind kann sich Briefe wünschen. Die Kinder stecken ihre Glückwunschbriefe in einen Briefkasten, den das Geburtstagskind entleeren darf. Es öffnet die Briefe und kann sie auf Wunsch auch vorlesen. Beispielsweise steht dort, was ihnen am Geburtstagskind gut gefällt. Anschließend darf das Geburtstagskind die Briefe mit nach Hause nehmen.

Das Geburtstagsmärchen

In einer schönen Schachtel liegt das Märchenbuch. Das Geburtstagskind zieht einen Briefumschlag, der den Titel eines Märchens enthält. Nach dem Vorlesen dieses Märchens schreiben oder malen die Kinder dazu etwas. Diese Beiträge werden in der Geburtstagsmärchenmappe gesammelt.

Die Geburtstagsblume

Auf vorbereitete Blütenblätter kann jedes Kind dem Geburtstagskind seine Glückwünsche schreiben oder malen. Diese werden zu einer Blüte auf braunes Tonpapier geklebt und mit einem Bambusstängel verbunden. In die Mitte werden der Name und das Datum des Geburtstagskindes geschrieben. Diese Blume darf das Kind stolz mit nach Hause nehmen.

Ziel: Die persönliche Leistungsfähigkeit einschätzen

Das Buchstabenfest

Sind alle Buchstaben erlernt, wird ein Buchstabenfest gefeiert. Das Programm des Buchstabenfestes erstellen die Kinder gemeinsam. Lieder, Gedichte, Geschichten, Spiele mit Buchstaben sowie das Buchstabenturnen können Inhalte des Programms sein. Im Vorfeld sucht sich beispielsweise jedes Kind seinen Lieblingsbuchstaben aus, den die Eltern für das Fest backen.

Die Lesenacht

Für die Lesenacht erhält jedes Kind eine persönliche Einladung (siehe S. 163) mit einer Liste der Dinge, die es dazu braucht. Den Ablauf der Lesenacht planen alle gemeinsam. Die Kinder können in der Nacht alleine lesen, sich gegenseitig vorlesen, aber auch vorgelesenen Geschichten lauschen. Eifrige Leseratten lesen gerne auch mit Hilfe ihrer Taschenlampe weiter. Am nächsten Morgen wird die Lesenacht mit einem gemeinsamen Frühstück beendet.

KV 71: Bärenzeugnis

Das Zeugnisfest

Erhalten die Kinder ihre Zeugnisse, kann dieser Tag besonders gefeiert werden. Die Kinder blicken auf die in dieser Zeit geleistete Arbeit zurück. Spiele, Lieder oder ein schönes Frühstück bilden den Rahmen dafür.

Ziel: Das Schuljahr strukturieren

Das Bärenzeugnis

Die Schulanfänger können zusätzlich besondere Zeugnisse erhalten, die sie leichter verstehen.

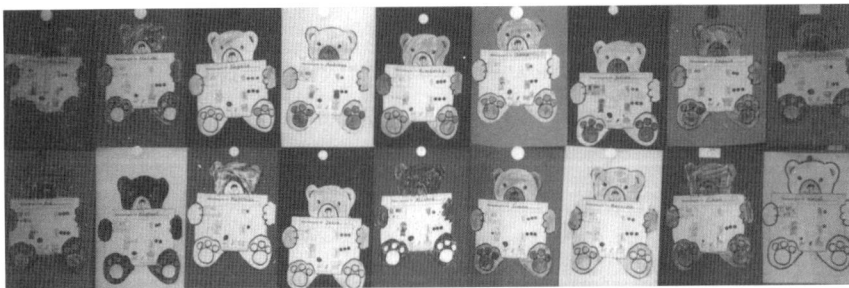

Lieb(r)

Dies ist deine Einladung zur Lesenacht!

Sie findet am Freitag, den _____ statt. Wir treffen uns um 19.30
Uhr in der Schule.

Bitte bringe folgendes mit:
Schlafsack
Luftmatratze oder Jsomatte
Schlafanzug
Zahnbürste, Seife, Handtuch

mindestens eine funktionierende Taschenlampe
Bücher !!!!!

Becher, Teller, (Schüsselchen), Messer, (Löffel), Tischdeckchen (Set),
Frühstück (z.B. Marmelade, Nutella, Kaba, Cornflakes....)
(Für Semmeln, Butter und Milch wird gesorgt! Schon jetzt herzlichen Dank!)

Nach unserer durchlesenen Nacht werden wir zusammen frühstücken. Gegen
ca. 9.00 Uhr geht es dann nach dem Aufräumen nach Hause!

Auf dein Kommen freut sich

 --

Jch bin damit einverstanden, dass mein Sohn/Tochter an der Lesenacht am
_____ von 19.30 Uhr bis etwa 9.00 Uhr teilnimmt.

Unterschrift:

Das Fest der Sinne

Die Kinder planen das Fest gemeinsam und laden ihre Gäste zur Reise in den Garten der Sinne ein. Die Besucher werden beim Eintritt unter einem Baldachin mit Musik verzaubert. Auf unterschiedlichsten Wegen spazieren sie durch den Garten und an allen Ecken erwarten sie Geräuschedosen, Fühlkisten, Schmeck- und Riechstationen, Barfußpfade und Augenweiden, die sie mit allen Sinnen genießen.

Ziel: Erbrachte Leistungen würdigen

Die Präsentation

Die Ergebnisse von Arbeitsvorhaben können in Form einer Präsentation Gästen vorgestellt werden. Die Kinder legen den Ablauf fest und überlegen sich die Formen ihrer Präsentation.

Das Märchenfest

Eine Woche lang dreht sich alles um das Märchen. Musik, Tanz und Spiel, aber auch Märchenrechnungen, Zeichnungen, Bücher oder geschriebene Texte, die in der Woche entstanden sind, werden bei einem gemeinsamen Märchenfest vorgestellt.

Das Zirkusfest

Am Ende eines Zirkusprojektes wird zur Zirkusvorstellung eingeladen. Die Kinder treten als Dompteure, Artisten, Clowns, Jongleure oder als wilde Tiere auf. Der Zirkusdirektor führt durch das Programm.

Ziel: Erinnerungsbrücken schaffen

Das Piratenfest

Die Kinder backen Schiffszwieback, kochen Piratengerichte, entwerfen Schatzkarten, zeichnen Piratenflaggen für ihre Schiffe, basteln Piratenschmuck, lernen Schiffsknoten und müssen eine Piratenprüfung ablegen. Zum Piratenfest sind auch die Eltern herzlich eingeladen.

Das Theaterfestival

Die Schule kann jährlich ein Theaterfestival ausschreiben. Die Kinder studieren dazu im Laufe des Schuljahres Beiträge ein. Die Festivalbesucher werden durch das Aufsetzen gestalteter Masken zu Mitwirkenden.

Die Schulolympiade

Das Schulsportfest kann jedes Jahr unter ein besonderes Motto gestellt werden. Dabei messen die Kinder nicht nur ihre Leistungen, sondern beweisen sich auch in Geschicklichkeitsspielen.

Ziel: Sich mit der Schule identifizieren

Das Klassenlogo

Um sich mit der Klassengemeinschaft innerhalb der Schule zu identifizieren oder das Besondere dieser Klasse herauszuheben, können Klassen ein eigenes Logo entwerfen und dies anstatt der Klassenbezeichnung nutzen.

Das Schul-T-Shirt

Ein T-Shirt mit dem Schullogo fördert die Identifikation mit der Schule und kennzeichnet bei Schulfeiern, -festen oder Sportveranstaltungen die Gemeinschaft. Das Tragen von Schulkleidung beinhaltet ähnliche Ziele, bedarf aber wesentlich größerer Organisation und erhöhtem finanziellen Aufwand.

Die Schulhymne

Ist eine Schule in der glücklichen Lage eine eigene Hymne zu besitzen, die alle Klassen mitsingen können, kann damit ein würdiger Rahmen für Schulveranstaltungen geschaffen und ein weiteres Identifikationsfeld in die Schulentwicklung einbezogen werden.

Das Schulorchester

Musik spielt eine große Rolle in der Entwicklung der Kinder. Das Angebot im eigenen Schulorchester mitzuwirken, kann einen Schub an musikalischer Ausbildung bewirken. Die Vorbildwirkung und die Möglichkeiten, den Rahmen für öffentliche Auftritte zu schaffen, ist ein wertvoller Beitrag im Bildungsangebot einer Schule.

Die Schülerkonferenz

Die Identifikation mit der Schule wird durch Mitwirkung bei der mehrmals im Jahr einberufenen Schülerkonferenz gefördert. Die Klassenvertreter aller Jahrgangsstufen treffen sich mit der Schulleitung und einer Lehrerin, um Vorhaben, Probleme oder Wünsche zu erörtern. Bereits im Vorfeld besprechen alle Kinder der Klassen, was vorgetragen werden soll oder werden aufgefordert, sich zu geplanten Themen Vorschläge zu überlegen. Die Klassensprecher wiederum informieren die Kinder über Beschlüsse und Inhalte der Konferenz. So entsteht ein reger Gedankenaustausch und jedes Kind hat das Gefühl, dass es gehört wird und an Entscheidungen der Schule beteiligt ist. Die Einhaltung von Regeln, die sich Kinder selbst überlegt haben, und Beschlüsse, die Kinder an die Klasse weitergeben, werden so viel eher eingehalten.

2.4 Wir erleben gemeinsam den Jahreskreis

Ziel: Den Jahreskreis mit allen Sinnen erleben und gestalten

Der Jahreszeitenbaum

Je nach Jahreszeit wird der Baum geschmückt. Wichtige Festtage werden aufgeschrieben und an den Baum gehängt.

Die Jahreszeitenfenster

Vier Fenster des Klassenzimmers werden im Herbst jeweils einer Jahreszeit zugeordnet und entsprechend geschmückt. Die Kinder können sich so mit dem Jahreslauf orientieren, indem sie die wesentlichen Kennzeichen und Stimmungen darstellen und während des Schuljahres vor Augen haben.

Der Festkalender

In diesem Kalender sind alle großen Festtage von verschiedenen Religionen aufgenommen. Die Kinder erfragen die unterschiedlichen Feste der Menschen, mit denen sie zusammenleben.

Unser Wohlfühlhaus

„Menschen aus anderen Ländern bei uns". Diese Thematik zieht sich wie ein roter Faden durch das gesamte Jahr. Jedes Kind sucht sich zu Beginn des Jahres eine Flagge seiner eigenen Wahl aus. Diese werden aufgemalt und auf ein großes Plakat geklebt. Teilweise sind das die Herkunftsländer ausländischer Kinder oder deren Eltern, aber auch Urlaubsländer sind darunter. Geschichten, Lieder und Bräuche aus diesen Ländern werden gesammelt und besprochen. So erfahren die Kinder im Lauf der Zeit viel über andere Länder und verstehen die Lebensweise fremder Menschen besser.

Das Sonnenblumenfest

Die im April gepflanzten Sonnenblumen werden im neuen Schuljahr im Rahmen eines Festes gewürdigt. Die Kinder kleiden sich in Sonnenblumenfarben, basteln sich einen Kopfschmuck, Helfer backen Sonnenblumenkost, ermitteln die Sonnenblumenkönige oder spielen Sonnenblumenspiele.

Herbstboten

Die Kinder sammeln Dinge, die typisch für den Herbst sind. Im Klassenraum werden die unterschiedlichen Gegenstände sortiert. Anschließend stellen die Kinder Sinneskisten mit den Herbstboten her. Sie werden danach verteilt, ob man sie gut fühlen, riechen oder schmecken kann. Schön sehen die Fühlkisten aus, wenn sie in den Farben des Herbstes angemalt werden. Zusätzlich sammeln die Kinder Herbsteindrücke.

Schatzsuche im Wald

Ein Spaziergang im Wald ist für alle leidenschaftlichen Sammler ein spannendes Abenteuer. Wie echte Detektive spüren die „Schätzesammler" Dinge auf, an denen viele Menschen achtlos vorübergehen. Im Klassenzimmer werden die Schätze vorsichtig ausgepackt und ausgestellt. Daraus ergeben sich ein Waldquiz, Kim-Spiele oder Schreibanlässe.

Mooshäuschenbau

Unter Bäumen können die Erstklässler sich im Herbst bei einem Ausflug in den Wald gemeinsam mit den Patenkindern zum Bauen von Mooshäuschen treffen. Moos, Zapfen, Früchte, Blätter, Zweige und alle Naturmaterialien, die die Kinder finden, werden am Fuße eines Stammes zusammengetragen und verbaut. Die Mooshäuschen bleiben lange Zeit erhalten und werden vielleicht im Frühling oder Sommer erneut besucht. Fotografiert können sie die Vorderseite eines Patenbuches schmücken.

Die Vorweihnachtszeit

Aktivitäten und gemeinsame Vorhaben können in dieser Zeit einen ganz besonderen Stellenwert einnehmen. Die Adventszeit bereitet auf das Weihnachtsfest vor. Diese Zeit des Wartens wird auch in der Schule mit vielen Bräuchen und Ritualen ausgefüllt.

Weihnachtsbaum – selbst geholt

Gemeinsam mit dem Förster können die dritten Klassen den Baum für die Schulaula selbst fällen oder ausgraben. Dieses Ereignis gibt den Kindern einen wertvollen Bezug zu ihrem Baum. Nachdem der Hausmeister ihn aufgestellt hat, können alle Klassen den Baum nach Absprache schmücken.

Die Adventsfeier

In der Aula versammelt sich die ganze Schule am Montag Morgen, um gemeinsam den Advent zu feiern. Ganze Klassen, einzelne Kinder oder der Schulchor tragen Gedichte, Lieder oder Besinnliches vor. Dazu können Kerzen am Adventskranz angezündet werden. Die Kinder erfahren so den besinnlichen Moment der Adventszeit. Gäste, Partnerschulen und Eltern sind dazu herzlich eingeladen.

Der Adventskranz

In der Mitte des Morgenkreises werden die Kerzen am Adventskranz angezündet. Die Handhabung des Anzündens wird genau besprochen. Da es draußen noch dunkel ist, ist die Wirkung der brennenden Kerzen sehr feierlich.

Auch symbolisiert der Adventskranz den Kindern den Zeitraum des Wartens auf das Weihnachtsfest.

Die Krippe
Ein besonderes Erlebnis für die Kinder ist das Aufstellen der Krippe im Klassenzimmer bereits zu Beginn des Advents. Kinder können gemeinsam auf Waldspaziergängen Moos, kleine Äste und Zweige sowie Wurzeln sammeln.

Das Geschichtenlotto
Um eine Vorlesegeschichte auszuwählen, werden die Titel der Geschichten auf Sterne geschrieben. Jeden Tag wird eine neue Geschichte aus der Sternenschachtel gezogen und vorgelesen.

Die Adventskette
Gefüllte Schuhe oder Päckchen hängen an einer Schnur im Klassenzimmer. Jeden Tag darf ein anderes Kind ein Päckchen oder einen gefüllten Schuh abnehmen.

Der lebende Kalender
Für jeden Tag in der Adventszeit tragen Kinder ihren Namen in einen Kalender ein. Sie verraten jedoch nicht, was sie für die Klasse vorbereiten werden. Sie überraschen täglich die Kinder mit dem Öffnen des Türchens.

Die goldene Nuss
In einem Sack liegen Nüsse in der Anzahl der Klassenstärke. Darunter befindet sich eine goldene Nuss. Wer diese zieht, ist an der Reihe und darf das Türchen am Adventskalender öffnen.

Der Weihnachtsbasar
Traditionell wird an vielen Schulen in der Vorweihnachtszeit der von Kindern hergestellte Adventsschmuck verkauft und der Erlös entweder gespendet oder den Schulen für besondere Anschaffungen zur Verfügung gestellt. Der Verkauf von Kuchen und Getränken füllt häufig auch die Elternbeiratskasse. So erfahren Kinder, dass es viel Mühe macht, Dinge herzustellen. Sie erkennen, dass es sich lohnt, wenn alle in der Schulgemeinschaft mithelfen.

Nikolaus
Je nach örtlicher Tradition wird das Nikolausfest anders gefeiert. Ein Höhepunkt in der Adventszeit bildet der persönliche Besuch eines Nikolaus in der Klasse. Vielleicht spendet der Elternbeirat für jedes Kind ein Säckchen mit

klassischem Inhalt wie Nüssen, Mandarine, Apfel oder auch einem kleinen Schokoladen-Nikolaus. Die Lehrinnen können einen Brief zur Klasse vorbereiten, den der Nikolaus vorträgt.

Plätzchenfest

Ein besonderes Erlebnis ist das gemeinsame Backen von Plätzchen in der Schule. Die Kinder können zum Beispiel ihre Patenklasse zum Plätzchennaschen einladen.

Weihnachtliche Reise

In der Adventszeit bietet sich ein Projekt „Weihnachten in anderen Ländern" an. Gerade im Hinblick auf die Entwicklung von Toleranz gegenüber anderen Kulturen sowie Akzeptanz und Sinnhaftigkeit ihrer Ausprägungsformen erhalten die Kinder Einblick, wie Weihnachten in anderen Ländern gefeiert wird.

Das Schneefest

Ein schöner Wintertag lädt ein, um mit den Kindern zusammen ein Schnee-fest zu feiern. Schneemänner und viele andere Figuren werden zusammen gebaut, Schneeplätzchen hergestellt und viele Spiele im Schnee durchgeführt.

Verwandlungskünstler

Im Fasching dürfen die Kinder ihre Verkleidung mitbringen und sich darstellen.

Der Frühlingsmarkt

Die Schule veranstaltet einen Markt, auf dem Kinder, Lehrerinnen und Eltern Frühlingsideen anbieten und austauschen. An verschiedenen Ständen werden die Kinder aktiv. Sie säen beispielsweise einen Frühlingsgarten an, sägen Figu-ren wie Hasen und Enten aus, bemalen oder bekleben Eier und basteln Fens-terbilder.

Die Frühlingsdetektive

Mit den Kindern wird ein Frühlingsspaziergang unternommen. Sie erhalten verschiedene Beobachtungs-, Hör- und Forscheraufgaben. Sie fotografieren Frühlingsblumen auf dem Weg, sammeln Frühlingszeichen, die sie in einer Dose aufbewahren, nehmen Frühlingsgeräusche auf und erspüren die Früh-lingsluft.

Die Frühlingsausstellung

Die gesammelten Schätze und Bastelarbeiten, die selbst erstellten Frühlingsbücher und Karten, werden ausgestellt.

Die Spürnasenmappe

Die Kinder beobachten und spüren brütende Vögel, duftende Blumen und
viele andere „Frühlingsgeheimnisse" auf. Darüber wird unter Zuhilfenahme
von Sachbüchern geschrieben und berichtet. Die Beobachtungen und Ideen
zum Frühling werden in einer Mappe gesammelt, die nach Themenbereichen
geordnet wird.

Frühlingserwachen

Mit Liedern, Tanzspielen, Mitmachgeschichten, Gedichten und dem gemeinsamen Backen von Frühlingsvögeln begrüßen alle den Frühling.

Bücherfrühling

Wahre Frühlingsschätze sind Bücher, die Kinder die ganze Zeit über begleiten
können. Die Bücher regen sie an, den Frühling aufzuspüren und sich mit allen
Sinnen zu öffnen. Mit Hilfe von Lexika, Sachbüchern und Nachschlagewerken
lernen die Kinder Pflanzen und Tiere kennen.

Das Frühlingsbuch

Die Kinder stellen ihre eigenen Frühlingsbücher her. Hier schreiben sie selbst
ausgedachte Geschichten zu Tieren, Erlebnisse oder auch Bildern auf. Sie kle-

ben gepresste Blumen dazu und erfinden Frühlingsreime, sammeln Frühlings-
farben, schreiben ihre Gedanken zum Frühling auf und kleben Texte von Früh-
lingsliedern ein.

Frühlingsscrabble

Im Schulhaus hängen „Fahnen" mit dem in Großbuchstaben geschriebenen
Wort „Frühling" aus, die die Kinder wie in einem „Scrabble" ergänzen und
mit Frühlingsmotiven schmücken können.

							S
							C
				V		T	H
		G		O		A	N
		E		G		U	E
	G	F		E		E	E
F	R	Ü	H	L	I	N	G
L	A	H	A		G		L
I	S	L	S		E		Ö
E		E	E		L		C
D			N				K
E							C
R							H
							E
							N

© Oldenbourg Schulbuchverlag GmbH, PRAXIS Bibliothek 254, Hilfreiche Rituale im Grundschulalltag

Osterfrühstück

Den Frühling kann man auch schmecken. Die Tische werden österlich gedeckt
und geschmückt, Frühlingsbrötchen gebacken und Frühlingsquark zubereitet.

Ostereier-Schatzsuche

Die Kinder erhalten zusammen mit ihrem Partner eine Schatzkarte mit Hin-
weisen, Zeichnungen und Wegbeschreibungen, durch deren Hilfe der Schatz
– für jedes Kind ein Osterei – gefunden wird.

Hasenüberraschung

Kinder bringen Salatblätter oder Karotten als Futter für den Osterhasen mit in
die Schule. Es wird an einer Stelle im Schulgelände nestartig ausgebreitet. Das
Warten im Klassenzimmer beginnt. Später finden die Kinder den Rest eines

angebissenen Salatblattes oder einer Karotte und ein reichhaltig gefülltes Nest mit Osterleckereien für jedes Kind. War der Hase wirklich da?

Eierkullern
Diesen klassischen Osterbrauch spielen die Kinder mit Schokoladeneiern, die sie auf die Wiese kullern. Jetzt müssen möglichst viele davon mit drei hartgekochten Eiern getroffen werden. Die süßen Eier dürfen genascht werden.

Eierorakel
Kinder sitzen in Gruppen um den Tisch. Ein hartgekochtes Ei wird gedreht. Kommt es zum Stillstand, dann zeigt das Ei an, wer ein Glückskind ist.

Die Wiesenforscher
Mit Lupen und Beobachtungsgläsern ausgerüstet begeben sich die Kinder zu einer Entdeckungsreise auf die Sommerwiese. Die Kinder forschen, entdecken, beobachten, sammeln und zeichnen auf, was krabbelt, lebt, wächst und sich auf einer Wiese auch versteckt. Die einzelnen Fundstücke werden ausgestellt und dienen als möglicher Ausgangspunkt für die weitere Beschäftigung mit dem Thema Wiese.

Zeckenalarm
Wird zu Beginn des Sommers vor Zecken gewarnt, malen Kinder Zecken groß auf Plakate mit gedichteten Warnungen und stellen sie laminiert im Schulgelände vor Hecken und Büschen auf. Kinder werden so daran erinnert, für einige Zeit nicht in gefährdeten Bereichen zu spielen.

Der Sommerspieletag
An diesem Tag findet in der Klasse oder auch in der Schule ein großes Angebot von typischen Sommer-Spielen für drinnen und draußen statt.

Ein Wassertag
Im Rahmen von Projektarbeit finden Schultage unter einem bestimmten Motto statt. Am Wassertag bereiten die Klassen spannende Versuche, Wasserspiele, Bastelanleitungen z. B. für Seerosen, historische Utensilien eines Waschtages oder Wissenswertes über das Wasser in Form von Frage-Antwort-Spielen vor. Sehr beliebt ist der Zitronenstand, an dem Kinder selbst gepresste Zitronenlimonade herstellen. Die Klassen öffnen sich und die Kinder durchlaufen frei oder gelenkt als Rallye die vielfältigen Stationen. Weitere Motto-Tage sind z.B. „Tierische Tage" oder „Der Tag der 4 Elemente".

3. Bewältigungsrituale

3.1 Wenn mir etwas Angst macht

Ängste gehören zum Leben. Sie schützen sinnvoll vor Gefahren. Ängste können aber auch überhand nehmen, hemmen und Leistungen verhindern. Sie müssen als ein Lebensgefühl ernst genommen werden. Kinder leiden unter realen Ängsten ebenso wie unter diffusen. Um mit ihnen umgehen zu lernen, sie zu thematisieren oder aufzulösen, können Rituale hilfreiche Begleiter sein. Sie machen Mut, lassen das Selbstvertrauen wachsen, fördern die Entwicklung von Gelassenheit und stärken das Selbstbewusstsein.

Ziel: Ängste bewältigen

Monsterbilder

Werden Angstbilder zu Papier gebracht, können sie aus den Köpfen der Kinder entschwinden. Diese Bilder werden in einem Klassen-Monsterbuch gesammelt. Bei einem Gespräch über die Bilder erkennen und verarbeiten die Kinder Ähnlichkeiten ihrer Gefühle und Vorstellungen.

Der mutige Ritter

Die bildnerische Gestaltung einer Geschichte veranlasst die Kinder dazu, über den großen Mut zu sprechen, den man braucht, um Angst und Schrecken zu überwinden. Der Drache, der die ganze Stadt in Angst und Schrecken versetzt, wird von dem mutigen Ritter Georg besiegt. Manchmal hilft es, sich an diesen Ritter zu erinnern. (KV 73 s. S. 178)

Die Geschichtenstunde

Das Ritual des Märchen- oder Geschichtenerzählens kann ein Mittel zur Angstbewältigung sein. Mit Hilfe der Fantasie schlüpft das Kind in eine Rolle hinein, wird eine wunderschöne Prinzessin oder ein edler Ritter. Kinder sind froh, dass das Böse besiegt wird und das Gute gewinnt. Die Kinder identifizieren sich mit der Heldin oder dem Helden. Die Geschichtenstunde kann durch das Aufhängen eines phantasievollen Bildes angekündigt werden.

Ziel: Eine vertrauensvolle Atmosphäre schaffen

Der Angsthase

Wird ein Kind als Angsthase beschimpft, besteht die Möglichkeit, diese Situation zu nutzen, um den Klassen-Angsthasen einzuführen. Ein Stoffhase wird in die Mitte des Sitzkreises gelegt. Er hört sich die Ängste der Kinder an. Sie lernen ihre verschiedenen Ängste kennen und sie zuzugeben. Sie erkennen, dass jedes Kind eine eigene Angstschwelle hat. Der Angsthase hilft, sie zu akzeptieren und stärkt somit das Selbstwertgefühl. Die Kinder können den Angsthasen, der im Klassenzimmer jederzeit griffbereit ist, benutzen, um sich ihm anzuvertrauen.

Die verschluckte Kröte

Sind Kinder von Sorgen und Ängsten belastet, die sie nicht mitteilen, löst Anteilnahme und Verständnis vielleicht die Zunge. „Ich könnte mir vorstellen, dass du eine Kröte verschluckt hast. Solange du Angst hast, sie auszuspucken, fühlst du dich wahrscheinlich nicht besonders gut. Deshalb solltest du mutig sein und sie herauslassen." Gelingt das Aussprechen, bekommt das Kind ein Krötenbild zur Erinnerung. Auf der Rückseite steht: Du bist mutig!

Dazu passt die Geschichte von der verschluckten Kröte (von Keyserlingk Linde, Geschichten gegen die Angst. Herder Verlag. Freiburg im Breisgau 1999. S. 83). (KV 74 s. S. 178)

Das Vorbild

Beispiele, wie Vorbilder der Kinder auf Angstsituationen reagieren, werden gesammelt. Sie können durch direktes Befragen oder Anschreiben von Fanclubs bestimmter Stars oder berühmter Erfinder und Wissenschaftler deren Verhalten erkunden. In einer Sammelmappe wird in besonderen Situationen nachgelesen, um Orientierungsmöglichkeiten zu entdecken und von Anderen zu lernen.

Gefahr erkannt – Gefahr gebannt

Angst vor der Schule oder Angst vor schlechten Noten werden durch Solidarität in der Gemeinschaft abgebaut. Im Klassengespräch erfahren die Kinder, wie sie sich auf Klassenarbeiten vorbereiten. Durch ausreichendes Üben erreicht das Kind Sicherheit. Es wird besprochen, wie gelernt werden muss, um den Stoff zu beherrschen. Durch den Austausch von Tipps lernen die Kinder, dass sie nicht alleine vor einem Problem stehen. Sie treten aus der Opferrolle heraus und werden aktive Mitgestalter.

Zusammen lernen

Sich zum Lernen zu treffen, kann auch durch die Lehrerin angeregt werden. Gerade Kinder, die wenig Unterstützung von zu Hause erfahren und sich alleine überfordert fühlen, stärkt das Lernen in Gruppen. Es hindert die Kinder daran, aufzugeben oder die Vorbereitung zu verdrängen und wirkt Ängsten entgegen. „Wir haben das zusammen gelernt", stärkt das Kind und seine Rolle in der Gruppe. So wird z. B. ein Gedicht zusammen aufgesagt, bis das einzelne Kind mutig und sicher genug ist, alleine vor die Klasse zu treten.

KV 73: Mutiger Ritter

KV 74: Kröte

KV 75: Der gute Geist

Beschwörungsformeln

Die Kinder sprechen sich leise und beschwörend Mut zu: „Ich bin gut genug!", „Das kann ich!", „Ich schaffe es!", „Jetzt zeige ich, was ich kann!", „Ich versuche mein Bestes!", „Ich gebe nicht auf!". So entsteht eine positive Einstellung. Auch bei kurzzeitigen Ansätzen von Verzweiflungsgefühlen während einer Klassenarbeit können die Kinder Motivationssätze anwenden. Denkblockaden werden so gelöst.

Die bösen Geister

Auf Geisterfiguren werden negative Gedanken der Kinder notiert, wie: „Ich bin nichts, ich kann nichts, ich werde nichts", „Keiner mag mich", „Alle lachen über mich" oder „Ich bin nicht gut genug". Auf der Rückseite werden die positiven Gedanken formuliert: „Ich kann, was ich will!", „Ich schaffe es!", „Ich bin beliebt!", „Ich habe Freunde!" oder „Ich bin gut genug!". Die Gespenster können umgedreht und zu guten Geistern werden. (KV 75 s. S. 178)

Gruselgeschichten

Ein Forum für die Auseinandersetzung mit Angst bietet das Schreiben von Angstgeschichten. Dabei werden Angstwörter gesammelt, Gefühle ausgedrückt und versprachlicht. Das Vorlesen dieser Geschichten schafft eine knisternde Atmosphäre und kann befreiend wirken.

Könnis

Die Kinder lernen ihre Fähigkeiten einzuschätzen. Sie sind in bestimmten Bereichen „Könnis", in anderen „Noch-nicht-Könnis" und in weiteren Tätigkeiten auch „Nicht-Könnis". Sie zeichnen in einfachster Form drei Smilies oder andere Figuren in Spalten auf ein Blatt Papier und versuchen ihre Fähigkeiten entsprechend einzuordnen.

Ziel: Das Selbstwertgefühl steigern

Starksein

Wenn die Angst vor der Schule nur darauf beruht, dass es dem Kind am nötigen Selbstvertrauen mangelt, sollte versucht werden, das Kind durch ein Frage-Antwort-Spiel zu ermutigen. Was bist du? Ich bin stark! Was machen starke Kinder? Sie holen tief Luft! Was sagen starke Kinder? Ich bin stark! Durch ständiges Wiederholen gelingt es dem Kind vielleicht, seine Angst zu bekämpfen.

Prüfungszeit

Durch das Einüben von Prüfungssituationen erlangt das Kind Lebenstüchtigkeit und wird kompetent, um sich auch späteren Prüfungen zu stellen. Die Beherrschung von Angst spielt bei manchem Kind in diesem Zusammenhang eine nicht unerhebliche Rolle. Auch das Arbeiten ganz alleine erfordert Zutrauen zum eigenen Können. Der Aufbau von Strategien und Rituale begleiten die Kinder in diesen Situationen.

Spickzettel

Spickzettel können so viele wie möglich geschrieben werden, denn die Beschäftigung mit dem Lerninhalt ist auch eine Form des Lernens. Zur Wiederholung können sie auch an der Tafel ausgestellt werden, untereinander ausgetauscht und als Hilfsmittel beim gegenseitigen Abfragen verwendet werden. Sie können auch einmal in einer „Spezialarbeit" verwendet werden. Anschließend klärt sich in einem Gespräch, ob sie geholfen haben und sinnvoll waren. Die Kinder lernen, dass das, was auf ihrem Zettel steht, auch im Kopf verankert sein kann. Es hilft, sich das Geschriebene vorzustellen und es fällt dem Kind, das ein visuell orientierter Lerntyp ist, wieder ein.

Der Mutmacher

Wenn eine Klassenarbeit ansteht, die mit Bangen erwartet wird, können Eltern dem Kind als Glücksbringer ein Herz aus Tonpapier mitgeben mit der Aufschrift: Ich denke an dich! Eine weitere Möglichkeit ist eine Glücksschachtel. Die Eltern geben etwas Süßes, ein Bild, einen besonderen Stein oder eine kleine Überraschung hinein.

Ziel: Strategien zur Bewältigung entwickeln

Mein Maskottchen

Glauben versetzt Berge. Nach diesem Motto sind kleine Maskottchen wichtige Begleiter, die symbolische Hilfe, Zuspruch und Unterstützung leisten. Sie tun einfach gut und sitzen auf der Bank.

Mit Schwung im Kopf

Bewältigungsstrategien für Prüfungssituationen werden in der Klasse entwickelt. Die Kinder beginnen immer mit dem gleichen Ritual. Bei dem Signal „Schwung im Kopf" fahren die Kinder vor der Klassenarbeit zum Beispiel die liegende Acht nach. Um beide Gehirnhälften zu aktivieren, bewegen sie beide Arme oder kreuzen abwechselnd die Arme vor der Körpermitte in Form der liegenden Acht. Auch das Ausführen von Überkreuzbewegungen, wie linke

Hand auf rechten Fuß und umgekehrt, sind Übungen zum Anschalten beider Gehirnhälften. Anschließend wird auch die rechte Hand auf das rechte Knie und die linke Hand oder auch der Ellbogen auf das linke Knie gelegt. Diese Übungen werden im Stehen ausgeübt und können Anspannungen über die Bewegung ableiten.

Positive Punkte

In der Mitte zwischen den Augenbrauen und dem Haaransatz liegen die Stirnbeinhöcker. Werden sie mit beiden Händen gehalten, wird Stress verhindert oder abgebaut.

Der Ohrläppchenzug

Das abwechselnde Herunterstreifen von den Ohrspitzen zu den Ohrläppchen mit Daumen und Zeigefinger regt die Konzentration an. Die rot gewordenen, gut durchbluteten Ohren zeigen den Kindern, dass auch hier ein Aktivpunkt sitzt und das Gehirn in Schwung gebracht wird.

Die Gehirnknöpfe

Sie grenzen unter dem Schlüsselbein rechts und links an das Brustbein und haben die Spanne von Daumen zu Zeigefinger. Während die eine Hand die Gehirnknöpfe reibt und drückt, liegt die andere Hand auf dem Bauchnabel. Diese Übung kann abwechselnd vor dem Lesen ausgeführt werden.

Die Sonnenpost

Kinder sammeln freudige Gedanken während der Woche. An einem bestimmten Tag werden diese positiven Eindrücke vorgelesen. Im wahrsten Sinne des Wortes geht die Sonne auf. Die Grundstimmung verändert sich zum Positiven.

Das Schmunzelsteinchen

Auf Steine werden mit Nagellack oder Lackstiften freundliche Gesichter gemalt. Lehrerinnen, die sich von einer Klasse zum Schuljahresende verabschieden wollen, teilen die Steinchen nach dem Vorlesen einer Geschichte aus. Diese handelt von Menschen, die unglücklich wurden, als sie nur noch an Gewinnstreben und an sich selbst dachten. Die Liebe zueinander, das Mitfühlen und das scheinbar zielferne Miteinander ließen die Menschen innerlich verkümmern - bis sich jemand an die Schmunzelsteinchen erinnerte und deren Wert.

Solange es etwas zum Schmunzeln gibt, sind wir nicht verloren. Ähnlich der Geschichte der Leute von Swabedoo mit den Fellchen wird der Inhalt an die Gegebenheiten angepasst. (Die kleinen Leute von Swabedoo. Verfasser unbekannt. Partisch + Röhling. 1990)

3.2 Wenn ich wütend bin

Wut, als häufiger Ausdruck von Aggression, entsteht meist aus Enttäuschung. Bei Wut- oder Tobsuchtsanfällen sind kleinere Kinder ihren Empfindungen absolut hilflos ausgeliefert. Erst allmählich werden sie einsichtiger, zugänglicher für Vernunftgründe und ansatzweise fähig, mit Worten auszudrücken, was ihnen gegen den Strich geht. Durch Drohen oder Schimpfen steigert sich die Wut nur noch. Rituale können hier helfen, die Kinder wieder auf den Teppich zurückzuholen. Sie schützen davor, dass andere Kinder in blinder Wut mit Worten oder Taten verletzt werden und bieten den Spielraum, die überquellenden Gefühle abzureagieren. Erst danach ist es sinnvoll und möglich, mit ihnen über die Gründe zu sprechen und zu beratschlagen, ob sie nicht anders damit umgehen könnten.

Ziel: Wut kanalisieren und zu Lösungen finden

Aus den Nähten platzen
Ein Stück Stoff aus vielen Streifen zusammengenäht, kann dem wütenden Kind in die Hand gedrückt werden. Es kann so lange versuchen die Nähte zu lösen, bis die Wut verschwindet.

Der Wutstuhl
Auf diesem Stuhl liegt ein dickes Kissen, auf das eingeschlagen werden kann, bis der Anfall vorüber ist. Meist fangen die Kinder dabei an zu lachen oder andere Kinder machen solidarisch mit.

Ein Derwisch
In ein Frotteetuch werden Reiskörner eingenäht, Teufelshörner abgebunden und ein gruseliges Gesicht aufgemalt. Bei Bedarf wird es auf den Boden oder an die Wand geworfen.

Ziel: Eigene Reaktionen bewusst machen

Dampf ablassen
Eine Drachenfigur aus Schaumgummi, die beim Feuerspeien viel Dampf ablässt, liegt bereit. Sie kann gekniffen, geboxt oder ... werden. Dabei wird laut geschnaubt, als würde sie Dampf ablassen.

Der Wutbecher
In einen Becher füllt das Kind so viele Erbsen, bis das Fass voll ist. Läuft das Fass über, darf es in den Erbsensack zurückgeschüttet werden. Damit ist die Wut verflossen.

Das Fragezeichen

Um eine aggressionsgeladene, laute Situation zu entkrampfen, in der man sich kaum Gehör verschaffen kann, hilft ein vorgehaltenes Fragezeichen. Es bedeutet so viel wie: „Kann vielleicht einer erklären, was hier los ist?" Die damit eingeforderte Befragung findet an einem vereinbarten Ort statt. Die Kinder erklären hier, was aus ihrer Sicht vorgefallen ist. Die Ursachen des Konfliktes können so zunächst erforscht werden. Dabei darf jeder ausreden. Die Lehrerin sucht nicht nach dem Schuldigen, sondern lässt sich den Sachverhalt erklären. Ist dieser verständlich dargelegt, wird das Fragezeichen umgedreht und zeigt ein lachendes Gesicht. Anschließend fällt es leichter, gemeinsam eine Lösung zu suchen.

Ziel: Grenzen erkennen

Tabu-Zonen

Um Kindern erfahrbar zu machen, dass jeder Mensch eine persönliche Intimsphäre hat, wird ein symbolischer Kreis um jedes Kind gezogen. Ein Kind stellt sich in einen am Boden liegenden Reifen und erklärt diese Zone für tabu. Nur wenn dieses Kind es zulässt, darf die Tabu-Zone betreten werden. Sagt das Kind: „Nein, ich möchte das nicht!", müssen die Kinder diesen Wunsch respektieren. Für das gemeinsame Spiel der Kinder bedeutet das, dass nur dann körperlicher Kontakt stattfinden kann, wenn der andere sein Einverständnis bekundet hat.

Das Wutbuch

Wut kann zum Klassenthema gemacht werden. Die Kinder tauschen Wuterlebnisse aus, schreiben sie auf und suchen Lösungsvorschläge dazu. Sozial unverträgliche Vorstellungen, wie Rache im Sinne von „Auge um Auge...", werden dadurch aufgearbeitet und mit Alternativen im Wutbuch gesammelt.

Der Ärgerdetektiv

Kinder zeichnen sich, wie sie aussehen, wenn sie sehr ärgerlich sind. Sie beantworten auf einem Arbeitsblatt anschließend folgende Fragen: Was tust du, wenn du ärgerlich bist? und Wie kannst du mit deinem Ärger umgehen, ohne jemanden zu verletzen (schlagen, schubsen, beschimpfen...)?

Der Trotzkopf

Auf ein Betttuch wird ein trotziges Gesicht gemalt. Als großes rundes Kissen wird dieser Trotzkopf hilfreich eingesetzt.

Der Vulkan

Die Geschichte vom Kleinen Prinz (Antoine de Saint-Exupéry, Der Kleine Prinz. Karl Rauch Verlag. Düsseldorf 1984), der die Vulkane reinigt, damit sie nicht verstopfen, ist ein schöner Einstieg in eine bildnerische Ausdrucksform des Lebensgefühls Wut. Ein Vulkan bricht aus, er explodiert, Blitze und Rauchwolken sind zu sehen. Wie können Kinder ihre Vulkane reinigen? Eine begleitende Diskussion hilft den Kindern, ihre Gefühle besser zu verstehen.

Das Wutgesicht

Aus Comics, Tierbüchern oder Zeitschriften werden Wut-, Ärger- oder Zorngesichter ausgeschnitten. Die Kinder bekommen einen Spiegel und versuchen sie nachzumachen. Die Abbildungen werden aufgeklebt und nach Stärke der Wut geordnet. Ist ein Kind wütend, kann es darauf deuten, wie stark seine Wut ist. Es hilft, die eigenen Gefühle bewusst zu machen und sie einschätzen zu lernen.

Der Stuntman

Kinder spielen körperlich ausgetragenen Streit als Stuntman nach. Dabei dürfen sie sich nicht berühren. Auf diese Weise wird Wut in Bewegung umgesetzt, ohne zu verletzen.

Der Teufelskreis

Ein Kreis mit einem Teufelsgesicht enthält in der Mitte das Wort „Weil". Es wird hervorgeholt, wenn die Ursachen für den Streit immer weiter zurückgehen und letztlich kein Anfang und kein Ende gefunden werden können. Der Teufelskreis symbolisiert die Ausweglosigkeit. Hier hilft nur Nachgeben, Verzichten oder Einlenken, um den Kreis zu stoppen. Gelingt dies den Kindern, dürfen sie sich einen Gummiteufel zum Kauen aussuchen.

Der Nachtragekorb

Was ist das eigentlich, wenn jemand nachtragend ist? In einem Rollenspiel wird ein Streitfall gelöst. Doch ein Kind kann sich damit nicht abfinden. Es legt seine Gedanken in den Nachtragekorb. Es geht ständig hinter dem Kind her durch das ganze Klassenzimmer. Das andere Kind fragt immer wieder: Was hast du denn? Als Antwort bekommt es wieder die gleiche Geschichte zu hören. Beide müssen versuchen, mit Geduld weiter eine andere Lösung zu finden. Gelingt das nicht, heißt es am Ende: „Sei doch bitte nicht so nachtragend!" Jetzt legt die Klasse die Wortkarte „Aus und vergessen" in den Korb. Der Korb steht für diese Fälle bereit und wird von den Kindern bei Bedarf genommen.

Der Wut-Zettel

Jedes Kind schreibt das, worüber es sich geärgert hat, auf einen Zettel. Anschließend wird der Wut-Zettel zerknüllt und fest gegen eine Wand geworfen. Das Wutgefühl entlädt sich und lässt Raum für die Lösung des Konfliktes.

Der Wut-Tanz

Zu Beginn des Wut-Tanzes stampfen und trampeln die Kinder mit aller Kraft auf den Boden, begleitet von Trommelschlägen. Auf ein Zeichen des Medizinmannes verändert sich die musikalische Begleitung in Friedensmusik. Die Kinder bewegen sich dazu fröhlich hüpfend und tanzend.

Die Höhle

Strafaktionen lösen Rachegefühle aus. Verbannt zu werden ist wenig konstruktiv. Um Kindern zu helfen, destruktives Verhalten umzuwandeln, ist zum einen Verständnis nötig und zum anderen eine Auszeit, beispielsweise unter einer braunen Decke. „Ich begreife, dass du dich ärgerst. Aber es wird nichts ändern. Du kannst so lange in der Höhle deinen Hitzkopf abkühlen, bis du das Gefühl hast, dass es dir wieder besser geht." Die Kinder kommen nach einer Weile wieder an ihren Platz und können erklären: „Ich glaube, ich kann jetzt wieder mitmachen. Es geht mir wieder gut." Ein aufmunterndes Kopfnicken und ein Lächeln oder Daumen hochhalten gibt dem Kind das Gefühl, es geschafft zu haben. Es wird in seinem Bemühen anerkannt.

Friederich, der Wüterich

Mit Humor und einem Mitsprechvers wird dem Kind signalisiert, dass man sein Gefühl zwar ernst nimmt, aber es schöner wäre, wenn alle wieder zusammen lachen könnten. Vielleicht ist es ja gar nicht so schlimm, im Gegensatz zu Friederich aus dem Struwwelpeter: „Der Friederich, der Friederich, der war ein arger Wüterich. Er fing die Fliegen in dem Haus und riss ihnen die Beinchen aus." Die Kinder sprechen bald mit und erfinden auch neue Reime. Manchmal hilft schon der Hinweis: „Was haben wir denn da für einen Friederich? Bist du auch ein Wüterich?"

Ziel: Ursachen herausfinden und lösen

Wettjammern

Manche Kinder jammern gerne und haben eigentlich keinen wirklichen Kummer. Wird es zuviel, kann ein Wettjammern einberufen werden. Alle dürfen so lange und intensiv mitjammern, bis es zu Lachanfällen kommt. Die positive Grundstimmung ist wiederhergestellt.

Die Ärgerdose

Ärgern sich Kinder, können sie diesen Vorfall aufschreiben und in die Ärgerdose legen. Damit ist der Ärger sinnbildlich verschwunden. Auf Wunsch können sie später auch mit einer vertrauten Person darüber sprechen.

Schlechte-Laune-Jo

Breiten sich Streit oder Knatsch bei Jungen aus, hilft der Cowboy Jo. Er nimmt das Verhalten in übertriebenem Maße und mit tiefer Stimme in Versen aufs Korn. Jo sagt: „Reißen zwei Jungen sich die Haare aus, sieht ihre Glatze ganz wunderbar aus", „Schreien zwei Wilde sich an, fehlt wenigstens kein Zahn", „Machst du Rambazamba hier, musste tanzen zwei, drei, vier", „Zwei Fäuste vor der Nase tanzen, kriegst du morgen viele Wanzen". Es spielt keine Rolle, ob diese Verse gut sind. Sie entkrampfen wunderbar manche Situation und haben eine therapeutische Wirkung. Sie werden schnell von den Kindern übernommen und für die verschiedensten Situationen weitergedichtet.

Die Meckerziegen

Stöhnen bei Arbeitsaufträgen, Unmutsäußerungen bei Hausaufgaben oder vermeintlicher Bevorzugung anderer Kinder mit dem Ausruf „Immer der!" sind grundlose Kritik. Wird sinnlos gemeckert, kann das Piktogramm einer Meckerziege an die Tafel gehängt werden, um diese Unsitte abzustellen. Nehmen die Meckerziegen zu, gibt es eine zusätzliche Mecker-Hausaufgabe. (KV 76 s. S. 187)

„Ich bin sauer"-Gespräche

Ist ein Kind auf ein anderes sauer, nimmt es das Piktogramm der Essiggurke in die Hand und bekommt so lange Redezeit, bis es alles gesagt hat. Dann gibt es die Gurke dem anderen Kind, das ebenfalls alles dazu sagen darf, was ihm einfällt. Dazwischen stellt dieses Kind immer wieder einmal die Frage: „Bist du noch sauer?" Bei „Ja!" geht das Ritual weiter, bei „Nein!" wird die Gurke wieder in das Glas zurückgelegt. (KV 77 s. S. 187)

Gedankenfutter

Sind die Gedanken der Kinder auf Hänseln, Stoßen und Ärgern gerichtet, müssen sie mit neuem Gedankenfutter versorgt werden. Bei Langeweile, zum Beispiel in der Zweierreihe oder in Wartesituationen, bei Busfahrten oder Ausflügen, können Lieder, Rätsel oder Verse gefüttert werden. „Auf der Mauer, auf der Lauer...", „Drei Chinesen..." oder „Ich sehe was, was du nicht siehst...", sind bekannte Ablenkungsmanöver. Das ABC aufsagen und zu jedem Buchstaben ein Tier erfinden, Schritte zählen und eine Rechnung lösen oder Blödsinns-Strophen zu bekannten Liedern erfinden, lenken die Gedanken der Kinder auf etwas Positives.

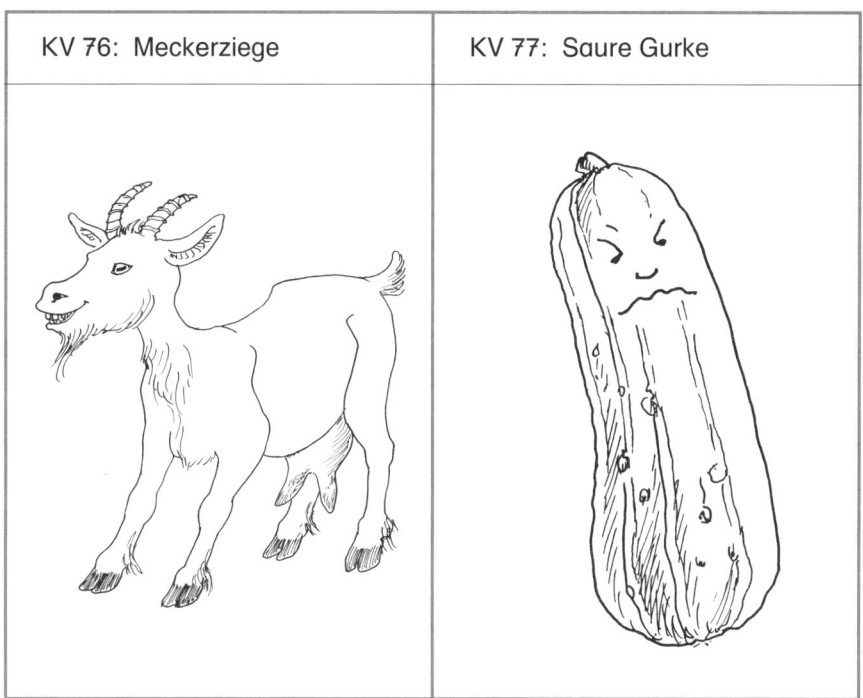

| KV 76: Meckerziege | KV 77: Saure Gurke |

Erste der Woche

Damit kein Streit beim Anstellen in Zweierreihen entsteht, wird am Anfang der Woche festgelegt, wer in dieser Woche die Ersten sind.

Das Schlusslicht

Um die Position der Kinder in der Reihe zu stärken, die am Ende stehen, kann die Reihe als Zug betrachtet werden. Dabei haben die Schlusslichter eine bedeutende Aufgabe, denn sie müssen am zuverlässigsten sein. Sie tragen die Verantwortung, dass keiner zurückbleibt oder hinten etwas vor sich geht, was die Sicherheit der Gruppe gefährden könnte.

Ohrfeigenwörter

Weil Wörter genauso verletzen können wie Ohrfeigen, sammeln die Kinder diese Wörter auf Karteikarten. Immer wieder einmal werden sie zum Anlass genommen, darüber zu sprechen oder zu erspüren, warum sie verletzen. Auf die Rückseite schreibt man, auf welche Weise sie verletzen können. Anschließend werden die Spruchkarten in einen Karteikasten geordnet. Werden sie wieder benutzt, machen die Kinder einen Strich dazu. Die am häufigsten benutzten Wörter werden erneut besprochen. Auch werden Kinder dazu aufgefordert, die entsprechende Rückseite zu lesen oder auswendig zu lernen.

Die rote Karte

Wer ein Ohrfeigen- oder Schimpfwort benutzt, muss eine rote Karte ziehen. Darauf stehen Gemeinschaftsaufgaben oder Aufgaben, die das Opfer betreffen, z. B. einmal Stifte anspitzen. Die Klasse prüft die ordnungsgemäße Erledigung.

Ziel: Strategien entwickeln

Der gute Verlierer

Weil es nicht leicht ist, ein guter Verlierer zu sein, hilft das Verhalten von Vorbildern aus dem Sport. Man gratuliert dem Sieger und reicht ihm die Hand. Auch tröstende Sätze wie, „Es ist ja nur ein Spiel!" oder „Ihr habt fair gespielt!", helfen über die Niederlage hinweg.

Streitstühle

Haben zwei Kinder miteinander Streit, können sie sich auf die Stühle setzen und erst wieder aufstehen, wenn sie eine Lösung gefunden haben. Dabei können sie miteinander reden, sich anschweigen, sich beschimpfen, Grimassen schneiden und selbst Lösungsmöglichkeiten finden.

Versöhnungsrituale

Kinder, die sich aggressiv verhalten, wollen etwas mitteilen. Sie fordern Zuwendung, reagieren auf Frustrationen, wehren Bedrohungen ab, wollen Grenzen erkunden oder um die Macht kämpfen. Kinder können lernen, mit Aggressionen bewusst und angstfrei umzugehen. Konflikte, die Aggressionen auslösen, können bewältigt werden. Mit Hilfe von Ritualen, die Halt und Orientierung für das Bewerten von Handlungen im Umgang miteinander geben, erfahren Kinder sozial verträgliche Verhaltensweisen.

Ziel: Konflikte lösen und sich an Vereinbarungen halten

Die Streitlösungs-Brücke

Kinder lernen, mit Hilfe der Streitlösungs-Brücke selbstständig einen Konflikt zu lösen. Die Abbildung hängt beispielsweise im Klassenzimmer oder in der Pausenhalle oder wird laminiert auf den Boden gelegt. Bei Bedarf stehen die Betroffenen an je einem Ende der Brücke und gehen aufeinander zu, indem sie die Fragen beantworten. Die einzelnen Schritte sollten jedoch vorab in der Klasse eingeübt werden, da die Artikulation der eigenen Gefühle schwer fallen kann. Häufig fehlen den Kindern passende Worte, um die eigene Befindlichkeit zu benennen. (KV 78 s. S. 190)

Der Streitschlichter

Kinder werden zu Streitschlichtern ausgebildet und moderieren mit Hilfe der Streitlösungs-Brücke das Konfliktgespräch. Sie helfen somit, ein Problem zu lösen. Sie sollten über bestimmte Eigenschaften verfügen, die auf einem Plakat auch mit Symbolen festgehalten werden.
Sei neutral. Höre gut zu. Sei wie ein Detektiv. Sei geduldig. Achte auf die Verhandlungsregeln. (KV 79 s. S. 190)

Das Lösungsbuch

Besteht ein Konflikt, ist es sinnvoll, gemeinsam nach einer für alle Beteiligten annehmbaren Lösung zu suchen. Dazu trifft sich die Klasse außerhalb des Klassenzimmers im Sitzkreis. Alle Lösungsvorschläge werden angehört und diskutiert. Es muss ein einstimmiger Beschluss gefasst werden. Er wird im Lösungsbuch mit Datum notiert. Tritt dieser Konflikt wieder auf, kann auf das Buch verwiesen werden. Stellt sich heraus, dass der Lösungsvorschlag nicht mehr sinnvoll ist, kommt die Runde wieder zusammen. Der alte Vorschlag wird mit einem Hinweis auf die Neufassung und mit Datum versehen.

Der Friedensteppich

Streiten sich Kinder, werden sie auf den Friedensteppich eingeladen. Im Schneidersitz gegenüber dürfen sie so lange weiterstreiten, bis sie auf dem Teppich gelandet sind, sprich, Lösungsvorschlägen zugänglich sind. Sie dürfen dann auch andere Kinder einladen, um nach Lösungen zu suchen.

Das Trostpflaster

Brauchen Kinder Trost nach einem Streit, können sie sich ein Trostpflaster abholen. Darauf steht: „Du bist in Ordnung!" und es klebt eine kleine Überraschung daran.

KV 78: Die Streitlösungsbrücke

KV 79: Der Streitschlichter

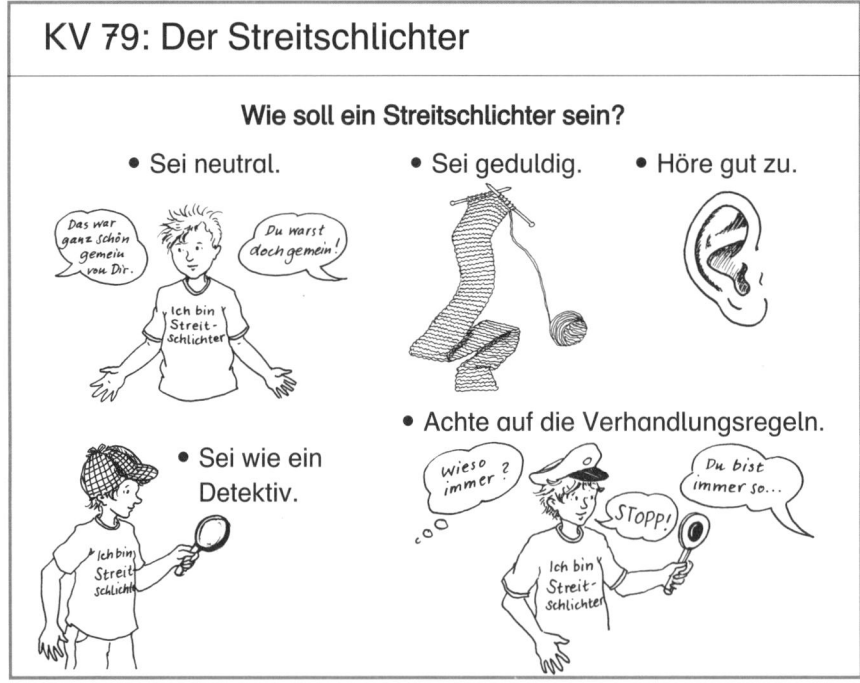

© Oldenbourg Schulbuchverlag GmbH, PRAXIS Bibliothek 254, Hilfreiche Rituale im Grundschulalltag

Die Trostecke

Haben Kinder Kummerbauchweh oder fühlen sich elend, dürfen sie sich in die Trostecke zwei Tröste-Kinder einladen, die sich um sie kümmern.

Ziel: Sozial verträgliche Verhaltensweisen aufbauen

Brücken bauen

Auf jedem Legostein steht ein Wort des Satzes: „Weil ich mich nicht mehr mit dir streiten will, bauen wir diese Brücke." Die Streithähne setzen abwechselnd Stein auf Stein. Ist die Brücke fertig, sind die Kinder meist versöhnt und planen weitere Bauwerke.

Den Streit begraben

Der Streitfall wird kurz aufgeschrieben, mit Namen und Datum versehen und im Sand von den beteiligten Kindern tief vergraben. Die Streitakten können nach langer Zeit auch wieder ausgegraben werden. Die Erinnerung daran, dass sie diese Probleme überwunden haben und heute darüber lachen können, stärkt die Kinder.

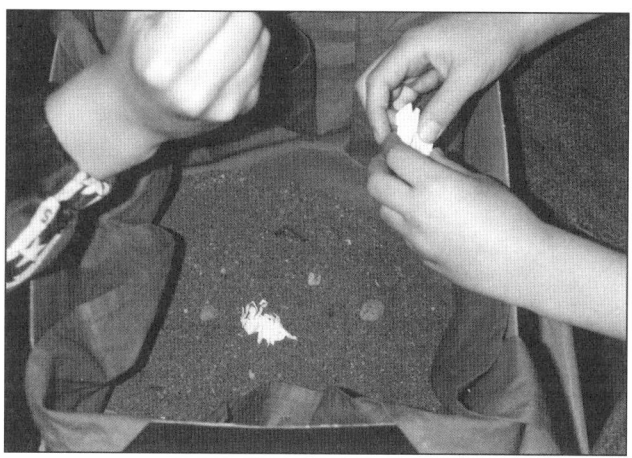

Die Friedensfahne

Schaffen es Kinder, Frieden zu schließen, erhalten sie die weiße Friedensfahne, schreiben die Namen der Beteiligten Friedensstifter darauf und stecken sie an ein Stäbchen geklebt in eine aufgehängte Styroporkugel. Im Laufe des Schuljahres nehmen die Fähnchen zu und zeigen allen Kindern, wie oft sie es geschafft haben, Frieden zu schließen.

Das Streitseil

Die beiden Streithähne erhalten ein kräftiges, mehrfach verknotetes Kunststoffseil. Sie bekommen die Aufgabe, gemeinsam die Knoten zu lösen. Bei der gemeinsamen Bewältigung entwickeln sie Lösungen, die den fairen Umgang miteinander fördern.

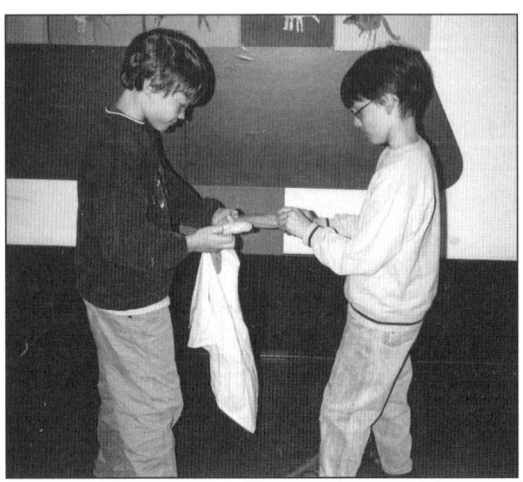

Der Klügere gibt nach

Nach einer alten Fabel wird diese Geschichte von der starken, knorrigen Eiche, die herablassend und hochnäsig zu den dürren Gräsern spricht, erzählt, wenn Kinder in einem Streit den Vorteil des Nachgebens erkennen sollen. Der mächtige Baum spottet darüber, dass sich die Gräser beim kleinsten Lufthauch schon biegen und zittern. Diese aber antworten: Der Klügere gibt nach, so kann uns auch der schlimmste Sturm nichts anhaben. Nach dem Orkan liegt die mächtige Eiche am Boden und die Gräser stehen bald wieder senkrecht wie zuvor.

Eine Mauer einreißen

Schuhkartons werden gestapelt. Die Kinder schreiben auf, was sie genervt oder in Wut gebracht hat und heften die Gründe auf jeden „Mauerstein". Jetzt sprechen sie darüber und bauen dabei Stein für Stein ab.

Hände reichen

Es ist nicht leicht, sich nach einem Streit die Hände zu reichen. Doch wenn es den Kindern gelingt, ist die Lösung auch akzeptiert worden. Jemandem die Hand zu geben, kann auch über die Lehrerin erfolgen, indem sie jedem Kind eine Hand gibt und damit zwischen den Kindern eine Brücke anbietet.

Der Türöffner

Die Tür zur Freundschaft öffnet sich durch bestimmte „Türöffner", wie Entschuldigen, einen Fehler zugeben oder „Es war keine Absicht!" und „Das war auch meine Schuld!".

Das Missverständnis-Klopfen

Manchmal stellt sich in einem Streitgespräch heraus, dass die Beteiligten nicht hätten streiten müssen. Die Spannung löst sich sofort, wenn jemand herausfindet: „Das war doch nur ein Missverständnis!" Dann klopfen die Kinder dreimal zusammen auf die Bank, und der Streit ist beendet.

Give me five

Wird ein Streit erfolgreich beendet, kann die Versöhnung per Handschlag im amerikanischen Sinne besiegelt werden. Der Give-me-five-Schlag ist eine starke Abschlussgeste (nicht nur) für Jungen.

Der Versöhnungsbrief

In eine Schachtel werden zu Beginn des Schuljahres notierte Versöhnungssätze in der Anzahl der Kinder gelegt. Um dem anderen Kind mitzuteilen, dass es nicht so gemeint war, es einem leid tut, man sich entschuldigen möchte oder etwas einsieht, wird der passende Satzstreifen entnommen. Er kann verziert und mit Namen versehen dem Kind als Zeichen der Versöhnung übergeben werden.

Franz-und-Susi-Geschichten

Stellvertretend für Kinder aus der Klasse, wird ein Vorfall in Form einer Geschichte erzählt, die das Problem indirekt aufgreift. Was Franz und Susi erleben ist schon unglaublich! Mal streiten sie, beschimpfen sich oder stellen etwas an. Die Klasse wird als Lösungshelfer aufgefordert. Diese Vorschläge werden aufgegriffen und die Geschichte gespielt. Erst dabei zeigt sich, ob die Lösungen auch umsetzbar sind. Findet ein ähnlicher Vorfall wieder statt, wird an die Franz-und-Susi-Geschichte erinnert. Sie erhält jeweils einen Namen.

Der schlimme Abraxas

Anstelle der Kinder wird der Rabe Abraxas, die Handpuppe, ausgeschimpft. Er stellt furchtbar viel an und macht nie das, was die Lehrerin sagt. Aber er hält das Schimpfen gut aus, macht einen bekümmerten Eindruck und verspricht Besserung. Die Kinder sind froh, dass Abraxas an ihrer Stelle ausgeschimpft wurde.

Die fehlenden Worte

Um Kindern zu zeigen, dass Fäuste immer dann zum Einsatz kommen, wenn die Wörter ausgehen, wird ein Rollenspiel vorbereitet. Zunächst sucht die Klasse Schimpfwörter, die nicht zu den Verbotenen gehören oder unter die Gürtellinie gehen. Dabei geht es eher lustig zu, denn sie erfinden auch neue Wortkombinationen. Anschließend werden zwei Kinder in den Ring geschickt. Aufgabe ist es, sich so lange wie möglich mit Wörtern zu beschimpfen. Fallen einem Kind keine mehr ein, gehen ganz automatisch die Fäuste hoch. Hier wird gestoppt. Bei einem analysierenden Gespräch erkennen die Kinder sehr schnell, wann es bei ihnen „so weit ist" und sprechen über ihre Gefühle dabei. Diese immer wieder einsetzbare Spielübung ist besonders in gleichgeschlechtlichen Gruppen hilfreich.

Der Streithansel

In diesem Rollenspiel kann das Streiten geübt werden. Ein Konfliktfall wird überlegt und gespielt. Bei jedem weiteren Versuch werden Bedingungen wie keine Schimpfwörter, kein Schreien, kein Körpereinsatz gestellt. Allmählich entwickeln die Kinder eine Für-und-Wider-Redekultur und damit ein Streitgespräch. Der ewige Streithansel ist sehr beliebt und ein gutes Training.

Wenn-aber-Spiele

In diesem Rollenspiel werden die Kinder aufgefordert, den Gegner mit Argumenten zu schlagen. Eine Behauptung wird aufgestellt, die widerlegt werden muss. Die Sätze fangen in der Regel mit „Wenn aber ..." an.

Der Quälgeist

Kinder, die sich nicht wehren, werden schnell in die Opferrolle gedrängt und von Mitschülern gequält. Stifte werden weggenommen, ein Pausenbrot zertreten, die Mütze weggerissen oder Dinge versteckt. Solche Vorkommnisse werden, sobald sie bekannt sind, auf Geisterfiguren geschrieben. An der Seitentafel prangt der Quälgeist der Woche. Dieses Thema wird besprochen, im Rollenspiel erfahrbar gemacht und Gegenmaßnahmen überlegt. Auch werden die Gründe erkundet, was ein Kind damit erreichen will, und andere Wege aufgezeigt.

Das Angeber-Karussell

Es kann nur angehalten werden, wenn dem Angeber die richtigen Antworten gegeben werden. Auf einer Scheibe werden Angebersprüche wie „Mein Onkel fährt schneller Auto als deiner!", „Unser Haus ist schöner als eures!" oder „Ich bin schlauer als du!" gesammelt. Dazu überlegen sich die Kinder passende

Antworten wie „Dafür aber hat meiner weniger Strafzettel!", „Nett, dass du mich einlädst!" oder „Prima, dann kannst du mir die Hausaufgaben machen!" nach dem Motto, Schlagfertigkeit ist alles. Die Gefahr eines entstehenden Streites kann so im Vorfeld abgebogen werden.

Wudu, der Mächtige
Kinder stark zu machen, lässt sich spielerisch einüben. Zwei Kinder stehen sich gegenüber. Wudu zeigt nur durch Mimik und Gestik, wie stark er ist. Das andere Kind zittert und wird immer kleiner. Anschließend werden die Rollen vertauscht oder zwei Wudus stehen sich gegenüber. Die Lösung wird schnell gefunden.

Die Wahl
Fällt es einem Kind schwer, sich an Regeln zu halten, bekommt es die Wahl: Es kann selbst wählen, wie es sich verhalten will. Entweder es hält die besprochene und für alle sinnvolle Regel ein oder es entscheidet sich dagegen. Dann muss das Kind die angegebene Konsequenz auf sich nehmen. Diese Form der vermeintlichen Entscheidungsfreiheit gibt dem Kind zumindest eine Chance, sich doch noch für den richtigen Weg zu entscheiden mit dem Gefühl, es nicht verordnet bekommen zu haben, sondern selbst aktiv gewesen zu sein.

Ziel: Einen verlässlichen Rahmen geben

Klassenregeln
In einer für alle Klassen gültigen Hausordnung können Verfehlungen beschrieben und die Konsequenzen aufgezeigt werden. Alle Kinder haben an der Entwicklung der Regeln mitgearbeitet, kennen sie und haben sie unterschrieben. Wer die vereinbarten Regeln nicht einhält, muss die Konsequenzen tragen. Diese klare und immer gleiche Regelung ist eine wichtiges Orientierungsangebot und kann Halt geben bei Verhaltensunsicherheiten. (Siehe S. 47 f.)

„Nach innen horch"-Übung
Ist die Stimmung angeheizt und neigt zu aggressivem Verhalten, können die Kinder den Kopf auf die Bank legen und in sich hinein horchen. Dazu legen sie die Hand auf ihr Herz und fühlen den Herzschlag. Kinder, die diese Ruhe im Moment nicht aushalten, lauschen auf die Stille in der Klasse und lassen sich anstecken.

Freundschaftskäfer
Durch Auslosen erhält jedes Kind eine Marienkäferfigur mit dem Namen eines anderen Kindes aus seiner Klasse. Zu jedem Käferpunkt schreibt es etwas Posi-

tives über dieses Kind auf die Rückseite. Die Käfer werden auf ein großes Blatt gesetzt. Es können auch weitere Positivpunkte hinzugefügt werden. (KV 81 s. S. 208)

Die gute Tat
Begebenheiten, in denen Kindern geholfen wurde, werden aufgeschrieben. Im Buch der guten Taten werden sie gesammelt. Die Klasse würdigt freundliche und hilfsbereite Gesten und wird sensibilisiert für das eigene Handeln.

Der Freundschaftskreis
Auf Kreise werden die Eigenschaften geschrieben, die gute Freunde ausmachen wie Pünktlichkeit, Lachen, Zuhören, Verschwiegenheit, Großzügigkeit, Zurückhaltung oder Fehler zuzugeben. Alle gefundenen Eigenschaften werden in einen Kreis geklebt und aufgehängt. Sie zeigen positive soziale Verhaltensweisen auf.

Freundschaftsbänder
Aus verschiedenen Garnfäden knüpfen die Kinder Bänder für das Handgelenk und schenken es der besten Freundin oder dem besten Freund.

Ziel: In der Gemeinschaft seinen Platz finden

Der Wiedergutmachungs-Katalog
Gibt es nach einem Streit etwas wiedergutzumachen, wird in einem Katalog, der von der Klasse aufgestellt wurde und immer weiter ergänzt wird, nachgesehen. Allmählich verinnerlichen die Kinder eine Bandbreite von Möglichkeiten, bis das Buch überflüssig wird.

Der Klassenrat
Der Klassenrat wird bei Bedarf einberufen. Jeder hat die Möglichkeit zu sprechen, ohne unterbrochen zu werden. Der Konflikt wird offen dargelegt. Anschließend werden die Meinungen der Klasse dazu vorgetragen. Finden die Konfliktpartner keine eigene Lösung, kann die Klasse Tipps und damit Hilfestellung geben. Finden die Streitenden selbst eine Lösung, werden sie beklatscht und durch die Gemeinschaft bestärkt. Finden sie keine Lösung, werden die aufgestellten Klassenregeln danach abgeklopft, inwieweit sie hier zutreffen. Die festgelegten Maßnahmen werden genannt und durch die Klasse eingefordert.

Eine Grenze ziehen

Nur klar erkennbare Grenzen geben den Kindern Halt und Sicherheit in ihrem Verhalten. Um dies symbolisch darzustellen, werden Grenzbilder gezeichnet. In der Mitte des Bildes symbolisiert ein Strich die Grenzlinie. Auf der linken Seite des Bildes wird das richtige Verhalten dargestellt, auf der rechten Seite die Folgen, die ein Überschreiten der Grenzen bewirkt.

Das freie Spiel

Als Ventil für aggressionsgeladene Stimmungen kann das freie Spiel im Freien wirken. Die Kinder dürfen sich bewegen und ihre Gefühle ausleben. Anschließend fällt es wieder leichter, sich zu konzentrieren.

Verzaubern

Um die Beziehung der Kinder untereinander zu verbessern und damit die Klassengemeinschaft zu stärken, wird folgende Übung im Sitzkreis durchgeführt: „Du bist heute ein Zauberer und kannst mit dem Zauberstab ein Kind verzaubern." Die Zaubersprüche können heißen: „Ich verzaubere dich in ein Kind, das mich nicht mehr verletzt, das öfter mit mir spielt, das uns nicht mehr stört und mich nicht ärgert." Die verzauberten Kinder werden auch von den anderen daran erinnert, dass sie verzaubert sind. So nehmen sie den Zauberspruch ernst.

3.3 Wenn ich traurig bin

Die Kinder können sich in der Gemeinschaft dann aufgehoben fühlen, wenn sie erfahren, dass andere für sie da sind. Erleidet das Kind körperliche oder seelische Verletzungen, trösten Rituale und geben Zuversicht. Sie helfen auch, die positiven Seiten zu sehen und schaffen eine besondere Nähe zwischen Schülern, Lehrern und Eltern.

Ziel: Sich in der Gemeinschaft aufgehoben fühlen

Die Pflasterschublade

Hat sich ein Kind eine Wunde zugezogen oder wurde verletzt, wird die Pflasterschublade geöffnet. Dort befinden sich verschiedene Verbandsmaterialien. Je nach Jahrgangsstufe kümmern sich die Lehrerin oder die Erste-Hilfe-Kinder um die richtige Versorgung. Am hilfreichsten sind Pflaster mit aufgedruckten oder aufgemalten Bildern, woraus das verletzte Kind sein Trostbild, wie ein vierblättriges Kleeblatt oder ein Glücksschwein, den kleinen Tiger oder andere Wunschfiguren, wählen kann.

Trostverse

Sie sind hilfreich und geben zu erstem Schmunzeln Anlass: Heile, heile Segen, drei Tage Regen, drei Tage Sonnenschein, wird schon wieder besser sein.

Die Ruheecke

Fühlen sich Kinder krank, ist eine Ruheecke mit Liegemöglichkeit hilfreich. Dort wird das Kind versorgt und getröstet. Bei Kopfweh kann ein Schüler die Hand auf die Stirne legen, ein kaltes Taschentuch bringen oder die Hand halten. Ein dunkles Tuch auf den Augen hilft, Schmerzen zu lindern. Das Kind erfährt so Geborgenheit und erholt sich manchmal schon durch die entspannende Wirkung. Werden die Symptome nicht besser, können die Eltern ihr Kind dort abholen. Sie erfahren, dass sich die Schule liebevoll um ihr Kind kümmert.

Das Tränensäckchen

Weint ein Kind, kann es sich das Tränensäckchen nehmen. Es weint die Tränen hinein und heraus kommt eine Glasmurmel, die es behalten darf.

Das Kummertuch

Hat ein Kind großen Kummer, der nicht gelöst werden kann, wird er in ein weißes Tuch gepackt und vor die Klassenzimmertüre gelegt. So ist er vorerst verschwunden. Nach dem Unterricht wird überlegt, wie er ganz verschwinden könnte.

Das Kummerkissen

Auf die eine Seite des Kissens ist mit Stofffarbe ein trauriges Gesicht gemalt, auf die andere Seite ein lachendes Gesicht. Bei Kummer wird das Kissen einfach umgedreht.

Ziel: Gefühle ausdrücken

Der Kummerkasten

Hat ein Kind Probleme, die es nicht vor der Klasse besprechen möchte, darf es sie aufschreiben und in den Kummerkasten werfen. Die Lehrerin kümmert sich dann gemeinsam mit dem Kind darum.

Die Sprechstunde

Eine Sprechstunde für die Kinder kann einmal in der Woche angeboten werden. Sie melden sich an, entweder über den Kummerkasten oder persönlich. Sie bekommen Extrazeit, um über dringende Probleme mit der Lehrerin zu sprechen.

Ablenkungsmanöver

Ablenkungsmanöver helfen einem Kind, das die eigentliche Ursache des Kummers schon gelöst hat, sich aber nicht aus seinem Gefühlszustand befreien kann. Durch Fragen, die in einem ganz neuen Zusammenhang stehen, kommt es auf andere Gedanken. „Weißt du eigentlich, wie viele Füße fünf Elefanten haben? Kannst du zehnmal auf einem Bein hüpfen? Hast du heute schon einen Witz erzählt? Kennst du die Geschichte vom Onkel Fritz? Ich sehe was, was du nicht siehst und das ist grün." Mit Humor und Einfallsreichtum können auf leichte Weise scheinbar verfahrene Situationen gelöst werden. Die Kinder vergessen ihren Kummer schnell und lachen wieder.

Das Krankenpäckchen

Ist der Banknachbar krank, werden alle Materialien des Tages gesammelt und die Aufgaben aufgeschrieben. Das am Nächsten wohnende Kind, bringt das Päckchen in einer dafür vorgesehenen Mappe dem kranken Kind nach Hause.

Die Klassenmedizin

Ein Briefkuvert voller „Medizin" für das kranke Kind hilft, gesund zu werden. Gegen Langeweile im Krankenbett schreiben die Kinder Geschichten, Rätsel, Witze, Spiele, Bastelanleitungen und Genesungsbriefe. Die Post bringt ein Kind nach Hause.

„Ich mach dich gesund"-Koffer

In einem kleinen Koffer werden unter anderem die Geschichte vom Kleinen Tiger und dem Kleinen Bär von Janosch, weiteres Lesefutter, Spiele, die auch alleine gespielt werden können, und hilfreiche Dinge gesammelt. Dieser Koffer wird dem kranken Kind überbracht. Bei längerer Krankheit kann der Inhalt ausgetauscht werden.

Ziel: Zuwendung erfahren

Krankengrüße

Ist ein Familienmitglied des Kindes krank, richten alle Kinder Grüße und Wünsche zur Guten Besserung aus. Eventuell kann das Kind am Nachmittag zur Entlastung zu einem anderen Kind gehen. Muss es zu Hause mithelfen, ist zu überlegen, ob Hausaufgaben entfallen können.

Trauerrituale

Trauerrituale können helfen, sich von einem bekannten oder geliebten Menschen zu verabschieden, mit Verlusten umzugehen, sich auch mit dem Unfassbaren zu beschäftigen und den Tod als einen festen und natürlichen Bestandteil des Lebens zu erfahren.

Das Trostkissen

Erzählt ein Kind vom Tod seines Haustieres oder einer ähnlichen Erfahrung, darf es sich das Trostkissen nehmen. Es ist besonders weich und nur zu diesem Zweck vorhanden. Das Kind kann sich daran festhalten oder hineinweinen.

Die Trostecke

Das trauernde Kind kann sich an einen dafür bestimmten Platz im Klassenzimmer entweder auf einem besonderen Stuhl oder der Sofaecke zurückziehen. Dort wird es von seinen Mitschülern umarmt und getröstet. Die ganze Klasse nimmt Anteil daran. Das Kind kann erzählen, was geschehen ist. Alle nehmen Abschied und teilen das Leid mit dem betroffenen Kind.

Der Trauerplatz

Die Konfrontation mit dem Tod eines Mitschülers ist eine Grenzerfahrung, die ein besonderes Ritual erfordert, das Halt und Stütze bietet. Die Trennungserfahrung kann durch den bewussten Umgang mit dem Tod bewältigt werden. Der verlassene Sitzplatz des Kindes kann geschmückt, seine Arbeiten noch einmal ausgestellt werden. So wird Abschied genommen und Raum für Tränen und Trost gegeben.

Das Trauerbild

Jedes Kind darf an die Tafel eine Blume für das verstorbene Kind malen. Der Strauß bleibt so lange erhalten, bis die Kinder langsam Abschied genommen haben. Der Tod wird nicht verdrängt, sondern auch zu vielen Gesprächen genutzt.

Ziel: Kraft schöpfen

Trauerbriefe

Wenn das Reden schwer fällt, aber die Gedanken überschwellen, können besondere Briefe an das trauernde Kind geschrieben werden. Sie spenden Trost, versuchen aufzumuntern, lenken ab und zeigen das Mitgefühl der Gemeinschaft.

Das Album

Fotos der geliebten Tiere können eingeklebt und zur Erinnerung gesammelt werden. Kinder verarbeiten dabei ihren Schmerz und sprechen mit anderen Kindern darüber. Alle können mithelfen beim Beschriften der Bilder oder Trostworte eintragen.

Geheimbriefe

Die Kinder tauschen mit Zitronensaft geschriebene Briefe, die erst über Kerzenlicht zu lesen sind. Das Geheimnis kann in der Trostrunde über der Kerze vorgelesen werden.

Die Tankstelle

Kinder beschriften Kärtchen mit je einem Positivbegriff wie Freiheit, Glück, Geborgenheit, Zukunft, Mut, Stärke, Schönheit oder Gesundheit. Die Karten werden den Wänden entlang im Klassenzimmer aufgehängt. Auf der Fahrt zur Tankstelle suchen sich die Kinder im Vorbeigehen das Wort aus, das sie Kraft tanken lässt. Anschließend lassen sie es auf sich wirken und drücken ihre Gefühle dazu sprachlich oder bildlich aus.

Sitznachbarn

Freundschaften in der Grundschule sind noch nicht beständig und können auch tageweise wechseln. Wer den Sitznachbarn verliert, kann traurig sein. Äußert ein Kind den Wunsch, neben einem anderen Kind sitzen zu wollen, kann dies nach Absprache miteinander und nur nach Einwilligung aller Beteiligten erfolgen. Verschiedene Kriterien wie Größe, Händigkeit, Leistungsfähigkeit, Ruhe und Konzentration werden miteinbezogen. Die Kinder lernen in einem offenen Gespräch die Gründe kennen und werden nicht übergangen.

Die Kummerkerze

Die Kinder versammeln sich um die angezündete Kerze. Sie können ihre Gefühle und Gedanken aussprechen. Das trauernde Kind steht so nicht direkt im Mittelpunkt, kann zuhören oder sich am Gespräch beteiligen. Fragen können gestellt werden und die Kinder setzen sich gemeinsam mit dem Tod zum Beispiel eines Angehörigen auseinander.

Das Gebet

Ein hilfreiches Ritual ist das Sprechen eines Gebetes, das Trost spendet und um Kraft bittet. Die Kinder erfahren, dass sie in Krisensituationen begleitet werden und die Gemeinschaft sie stützt.

Das Tröstebuch

Möchte sich ein Kind zurückziehen, kann es sich das Tröstebuch nehmen. In diesem Buch sind Geschichten, Fotos, schöne Bilder, Tipps und Tricks, Trostsprüche und Lieder enthalten. Sie lenken das Kind von seinem Kummer ab.

3.4 Wenn ich unsicher bin

Auf ihrem Weg brauchen Kinder Sicherheit, Geborgenheit, Achtung und Anerkennung. Um das Selbstwertgefühl zu stärken, helfen Rituale, sich selbst kennenzulernen und die Möglichkeiten und Grenzen der Gemeinschaft zu erfahren.

Ziel: Sicherheit erfahren

Die Guten-Morgen-Hände

Kinder, die nur sehr wenig Berührung vertragen, gewinnen durch Körperkontaktspiele Zutrauen auch zu anderen Kindern. Alle Kinder stehen im Kreis und geben sich die Hände. Jedes Kind wünscht seinem Nachbarn einen guten Morgen. Als Alternative kann sich auch die ganze Klasse an den Händen fassen und durch gleichzeitiges Heben und Senken der Arme den Morgenwunsch: „Wir wünschen uns einen wunderschönen Tag!" unterstützen.

Handlesen

Zwei Kinder sitzen sich gegenüber und massieren sich gegenseitig leicht die Hände. Dabei erspüren sie, was dem anderen gut tut.

Ziel: Das Selbstwertgefühl stärken

Der Verwöhnkreis

Die Klasse kann sich in Gruppen aufteilen, die einen Kreis bilden. Ein Kind begibt sich in die Mitte und schließt die Augen. Es wird von den anderen durch sanfte Berührungen verwöhnt und öffnet die Augen, wenn es wechseln möchte. Dazu bedarf es eines großen Vertrauens untereinander. Kinder, die diesen positiven Körperkontakt nicht ertragen können, dürfen zusehen, aber die anderen nicht stören. Vielleicht gelingt es ihnen allmählich, den Mut aufzubringen, sich zu beteiligen.

Wer bin ich?

Bei Konzentrations- und Stilleübungen hören die Kinder in sich hinein und erfahren, was ihnen ihr Inneres erzählt. So lernen sie sich besser kennen und gewinnen Vertrauen in ihre eigene Wahrnehmung.

Mir geht es gut

Um auszudrücken, wie sich ein Kind fühlt, hilft das Satzmuster „Mir geht es gut, weil..." oder „Mir geht es gut, wenn...". Die Sätze werden auf ein Blatt geschrieben und ein Bild wird dazu gemalt. Die „Mir geht es gut"-Blätter werden im Ich-Buch gesammelt.

Mein Stärke-Gedicht

Jedes Kind hat sein Stärkegedicht an einem festen Platz. Es tut gut, es immer wieder einmal zu lesen. Es heißt:

> Ich stehe manchmal neben mir
> und sage freundlich Du zu mir
> und sag, Du bist ein Exemplar,
> wie keines jemals vor dir war.
> Du bist der Stern der Sterne,
> das höre ich nämlich gerne.

(Jürgen Spohn)

(„Ich" Jürgen Spohn, aus Drunter + Drüber. C. Bertelsmann Verlag, © Barbara Spohn)

Ich bin wichtig

Mit Hilfe des Tageslichtprojektors werden die Umrisse der Kinderköpfe als Schattenriss auf Karton nachgefahren und ausgeschnitten. Sie werden im Klassenzimmer aufgehängt. Jedes Kind ist stolz auf sein Abbild.

Das bin ich

Die Umrisse der Kinder können auf Packpapier nachgefahren und ausgeschnitten werden. Jedes Kind gestaltet seine Figur mit allem, was seine Person ausmacht. Mögliche Schwerpunkte: Was es gerne tut; Was es gut kann; Wo es gerne spielt; Worüber es gerne lacht oder was es sich wünscht.

Mein Selbstportrait

Damit die Kinder ihr Gesicht kennenlernen, gehen sie zunächst mit geschlossenen Augen auf Entdeckungsreise und wandern mit ihren Fingern über das Gesicht. Dabei bauen sie ein inneres Bild von sich auf, das sie anschließend versuchen zu malen.

Ziel: Strategien zur Bewältigung entwickeln

Der Zaubertrank

Jedes Kind hat seine Tasse, die z. B. an einem Hakenbrett hängt. Zu Wochenbeginn ist Zaubertrankzeit. Es wird ein besonderer Tee gekocht, der alle Essenzen wie Kraft, Stärke und Zuversicht für die Woche enthält.

Zauberkraft

In einer schwarzen Box liegen die Zauberkraftkärtchen für Kinder, die sich kraftlos fühlen. Haben sie sich ein Kärtchen geholt und hat die Zauberkraft gewirkt, legen sie es gestärkt wieder zurück.

Ich sage

Um eigenen Aussagen mehr Gewicht zu verleihen, können Kinder die Formel: „Ich sage ..." davor setzen. Die Betonung auf das Ich stärkt das Gefühl der Selbstsicherheit und macht auch die eigene Aussage bewusster. Gerade wenn Kinder ihre persönliche Meinung einbringen wollen, finden sie dadurch mehr Gehör und strahlen Sicherheit aus.

Ziel: Vertrauen gewinnen

Mutgeschichten

Kinder sammeln eigene Mutgeschichten, wie zum Beispiel „Als ich einmal im Keller war und...", oder aus der Familie, von Klassenkameraden oder anderen Personen, die sie kennen. Sie werden aufgeschrieben und vorgelesen. Im gemeinsamen Gespräch entdecken die Kinder, was mutig sein bedeutet. Unsichere Kinder erhalten dadurch Orientierungshilfen. Aber auch Kinder mit zuviel Mut können mit Hilfe dieser Beispiele reflektieren, ob Mut immer sinnvoll ist.

„Du machst es gut!"

Eine selbst gebastelte Figur aus einer Styroporkugel als Kopf, einem Stück Stoff als Körper darüber, mit einer Schleife am Hals zusammengebunden und einem aufgemalten Gesicht kann in allen Situationen als Glücksbringer bereitliegen. Sätze wie „Du machst es gut!", „Du hast dich gut vorbereitet!", die auf den Stoff geschrieben werden, helfen manche Angst-Blockade beispielsweise bei Klassenarbeiten zu überwinden. (KV 80 s. S. 206)

Der Ausrutscher

Bei schlechten Noten sind Eltern und Lehrerinnen gefordert, das Kind aufzumuntern und ihm Motivation zu geben, sich wieder anzustrengen. Wird diese schlechte Leistung als „Ausrutscher" bezeichnet, verliert sie ihre schwere Gewichtung. Es ist hilfreich für das Kind, wenn auch Eltern und Lehrererinnen von den „Patzern" aus ihrer Schulzeit erzählen.

Fallen lassen

Haben Kinder Vertrauen zu ihrer eigenen Persönlichkeit entwickelt, haben sie Freude daran, ihr Vertrauen zu schenken und es zu zeigen. Spiele helfen dabei, Vertrauen aufzubauen und damit umgehen zu lernen und es nicht zu missbrauchen. Zwei Kinder stellen sich hintereinander auf eine Matte, etwa einen Schritt auseinander. Das rückwärtige Kind hat die Aufgabe, seinen Partner, der sich nach hinten fallen lassen kann, zuverlässig aufzufangen. Die Kinder erfahren, wie viel Vertrauen man braucht und was es bedeutet, sich dem anderen anzuvertrauen.

KV 80: „Du machst es gut!"

Hast du Lust, dir eine solche Figur zu basteln?

So geht es:

1. Knülle ein Stück Papier bzw. Stoffreste zusammen. Oder: Kaufe dir eine Styroporkugel in einem Bastelgeschäft. Das wird der Kopf. Suche in eurer Nähkiste zu Hause ein schönes Stück Stoff. Das wird das Gewand.

2. Wirf das Stück Stoff über den Kopf. Binde es am Hals mit einem Stückchen Wolle, einem schmalen Streifen Stoff oder einem Schnürsenkel zusammen.

3. Male der Figur Augen, Nase und Mund. Schreibe auf ihr Gewand einen Satz, der dir bei Klassenarbeiten Mut macht, zum Beispiel:
   - „Du schaffst es!"
   - „Du hast gut gelernt!"
   - „Niemand lenkt dich ab!"
   - „Ich drücke den Daumen!"

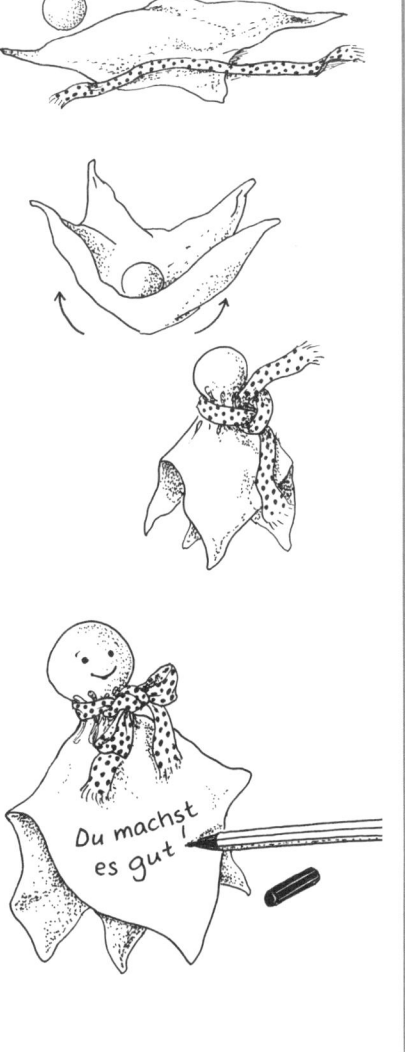

Welchen Namen gibst du deiner Figur? Setze sie bei der nächsten Klassenarbeit als Glücksbringer auf deinen Tisch.

© Oldenbourg Schulbuchverlag GmbH, PRAXIS Bibliothek 254, Hilfreiche Rituale im Grundschulalltag

Ich glaube an dich

Das Selbstbewusstsein des Kindes ist durch den schulischen Misserfolg beeinträchtigt. Unsicherheit und Versagensängste schaffen weitere Schulprobleme. Gerade bei schlechten Leistungen ist es besonders wichtig, dass sowohl Lehrerinnen als auch Eltern „felsenfest" an die Kinder glauben. Als Zeichen der Bestärkung und Aufmunterung kann die Lehrerin dem Kind einen Muggelstein überreichen mit den Worten: „Ich glaube an dich und wir üben fleißig weiter."

Ich-Botschaften

Sätze wie: „Ich freue mich, dass ...", „Ich finde es schön, dass ...", „Ich empfinde es als angenehm, dass ...", „Ich schätze es, dass ...", „Ich bin zuversichtlich, dass ...", stärken die Kinder in ihrem positiven Verhalten. Diese Ich-Botschaften fördern das Vertrauen in der Klasse.

Mein Herzblatt

Die Kinder ziehen ein Herz und ein Namenskärtchen. Sie dürfen nun auf dieses Herz alles schreiben, was sie dem Herzblatt-Kind Nettes sagen möchten.

Ziel: Eigene Wege finden

Stark machen

Auf dem Rücken der Kinder sind Karteikarten mit Klebeband befestigt. Die Kinder schreiben sich gegenseitig freundliche Wahrheiten auf den Rücken. Jede Woche kann ein anderes Schwerpunktthema gewählt werden, wie: „Das kann ich besonders gut.", „Das habe ich geschafft", „So bin ich" oder „Das gefällt mir an dir". Auf diese Weise wird den Kindern der Rücken gestärkt, denn die Fremdwahrnehmung ist im Vergleich zur eigenen Wahrnehmung meist viel positiver. Diese „Stark-mach-Kärtchen" kann jedes Kind sammeln.

Ich freue mich auf dich-Briefe

Die Lehrerin kann in den Ferien jedem Kind einen Brief schreiben und darin mitteilen, dass sie sich schon sehr auf ein Wiedersehen freut. Schon in den nächsten Ferien greifen Kinder diese Idee gerne auf und schreiben zurück.

Die Überraschung

Schreibt ein Kind eine Klassenarbeit oder bekommt sie zurück, helfen Rituale, die mit den Eltern vereinbart worden sind. Das Kind wird entweder durch ein besonderes Pausenbrot überrascht oder zu Hause steht das Lieblingsessen auf dem Tisch.

| KV 81: Käfer | Ich freue mich auf dich-Brief |

Mein Weg

In Schwächephasen unterstützt das Denken an die eigenen Träume jedes Kind. Mit Blick auf ein Traumbild können die Kinder erzählen, wie sie sein wollen, was sie werden wollen, was sie verändern möchten oder wie ihre Zukunft aussehen sollte. In diesen Gesprächen können die Kinder darin bestärkt werden, dass sie das ganz bestimmt schaffen. Sicher ist es manchmal schwierig, aber sie haben so viel Kraft und eine ganz besondere Begabung, dass es ihnen gelingen wird. Alle werden gemeinsam helfen und eine Lösung finden, um Probleme zu überwinden. Durch das Vertrauen auf die innere Kraft wird es gelingen, einen der vielen wundervollen Wege im Leben zu erreichen.

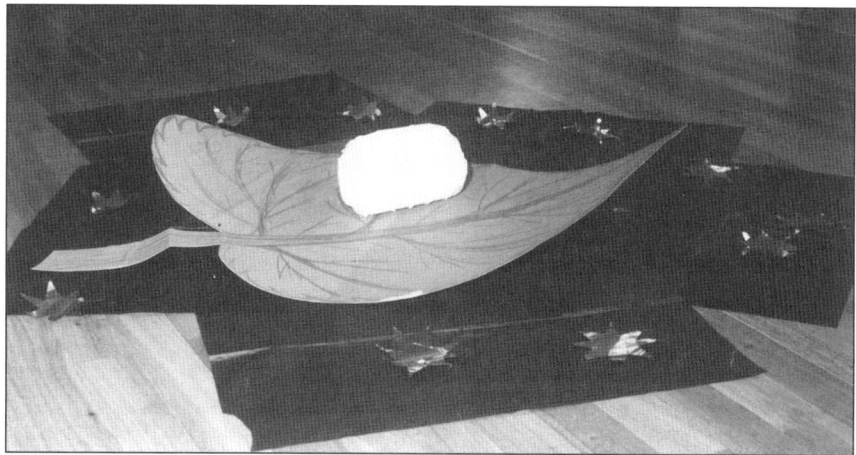

Mein Tagebuch

Diese Träume oder Ereignisse und Gedanken werden darin festgehalten und als persönliches Tagebuch weitergeführt. Das Aufschreiben ist einer von vielen Wegen, die innere Welt zu ordnen und Kindern Halt zu geben.

Literatur

Antoine de Saint-Exupéry: Der Kleine Prinz. Karl Rauch Verlag. Düsseldorf 1984

Bartl, Almuth: Kleine Stille zwischendurch. Cornelsen Skriptor Verlag. Berlin 2003

Bartnitzky, Horst/Christiani, Reinhold, Hrsg.: Umgang mit Zensuren in allen Fächern. Cornelsen Verlag. Frankfurt am Main 1989

Bartnitzky, Horst/Christiani, Reinhold, Hrsg.: Die Fundgrube für jeden Tag. Cornelsen Verlag. Frankfurt am Main 1995

Bartnitzky, Horst/Brügelmann, H./Hecker, Ulrich/Schönknecht, Gudrun: Pädagogische Leistungskultur: Materialien für die Klassen 1 und 2. Grundschulverband. Frankfurt a. M. 2005

Baslé; Brigitte/Maar, Nele: Alte Rituale – neue Rituale. Herder Verlag. Freiburg im Breisgau 1999

Bauer, Gabi/Stöttinger, Ingeborg: Streiten will gelernt sein. Grundschulmagazin 2/1999. Oldenbourg Schulbuchverlag GmbH. München 1999

Beck, Gertrud/Scholz, Gerhard: Soziales Lernen – Kinder in der Grundschule. Rowohlt Taschenbuch Verlag. Reinbek 1995

Becker, Bärbel: Wie Kinder stille werden. Praxis Grundschule 2/1991. Westermann Verlag. München 1991

Beil, Brigitte: Schlummertuch und Hochzeitstag. Deutscher Taschenbuch Verlag. München 1997

Bertschi-Kaufmann, Andrea, Hrsg.: Lesen und Schreiben im offenen Unterricht. Sabo Verlag. Zürich 1998

Brucker, Marianne: Kinesiologische Übungen im Unterricht. Grundschulmagazin 11/1996. Oldenbourg Schulbuchverlag GmbH. München 1996

Brückner, Uta/Friauf, Heike: 1000 + 1 Idee rund um die Schule. Kösel Verlag. München 1997

Butters, Christel/Gerhardinger, Rita: Die Kraft der Rituale. Grundschulmagazin 2/1996. Oldenbourg Schulbuchverlag GmbH. München 1996

Dorn, Mathias/Eckart, Mirjam Thieme/Thieme, Alfred: Lernmethodik in der Grundschule. Beltz Verlag. Weinheim, Basel 2002

Engler, Carola: So machen Hausaufgaben Spaß. Südwest Verlag. München 1999

Endres, Wolfgang/Bernard, Elisabeth: Methodik Ordner Grundschule. Beltz Verlag. Weinheim, Basel 2005

Fisgus, Christel/Kraft, Gertrud: „Hilf mir, es selbst zu tun!". Auer Verlag. Donauwörth 1997

Fisgus, Christel/Kraft, Gertrud: „Morgen wird es wieder schön!". Auer Verlag. Donauwörth 1997

Gasteiger-Klicpera, Barbara/Klein, Gudrun: Das Friedensstifter-Training. Grundschulprogramm zur Gewaltprävention: Ernst Reinhardt Verlag. München, Basel 2006

Goldmann Lexikon Band 18. Goldmann Verlag. München 1998

Gratzer, Werner: Mit Aggressionen umgehen. Praxis Pädagogik. Westermann Schulbuchverlag 1993

Grün, Anselm: Geborgenheit finden – Rituale feiern. Kreuz Verlag. Stuttgart 1997

Grundschulmagazin 10: Rituale und Rhythmen. Oldenbourg Schulbuchverlag GmbH. München 1998

Gürtler, Helga: Kinder brauchen feste Regeln. Südwest Verlag. München 1993

Haug, Sonja/Spreng, Sonja: Gemeinsam sind wir spitze! Grundschulmagazin 7 – 8/ 2000. Oldenbourg Schulbuchverlag GmbH. München 2000

Heinz, Annette/Nübel, Hedda: Mit Wut im Bauch kann ich nichts lernen. Grundschulmagazin 2/1999. Oldenbourg Schulbuchverlag GmbH. München 1999

Hogh, Edda: Lesezirkel in der Schule. Grundschule Deutsch 9/2006. Kallmeyer bei Friedrich. Velber 2006

Jäger, Annemarie: Balance - Bedingungen schaffen für einen gelingenden Unterricht. Westermann Verlag. Braunschweig 1999

Jürgens, Eiko: Die Wiederentdeckung von Ritualen. Grundschulmagazin 10/1998. Oldenbourg Schulbuchverlag GmbH. München 1998

Kaufmann-Huber, Gertrud: Kinder brauchen Rituale. Herder Verlag. Freiburg im Breisgau 1995

Klein, Kerstin: So erklär ich das! Verlag an der Ruhr. Mühlheim an der Ruhr 2002

Krätzig, Beate: Fantasiereisen im Unterricht. Praxis Grundschule 5/98. Westermann Verlag. München 1998

Von Keyserlingk, Linde: Geschichten gegen die Angst. Herder Verlag. Freiburg im Breisgau 1999

Kummer, Andrea: Zaubern, turnen, tanzen. Grundschulmagazin 10/1998. Oldenbourg Schulbuchverlag GmbH. München 1998

Kummer, Andrea: Freie Stillarbeit. Grundschulmagazin 10/1999. Oldenbourg Schulbuchverlag GmbH. München 1999

Küspert, Petra/Schneider, Wolfgang: Hören, lauschen, lernen. Vandenhoeck & Ruprecht Verlag. 5. Auflage. Göttingen 2000

Maak, Angela: Zusammen über Mathe sprechen.Verlag an der Ruhr. Mühlheim an der Ruhr 2003

Maras, Rainer: Über die Wiedergewinnung des Unterrichtlichen. Grundschulmagazin 9/1999. Oldenbourg Schulbuchverlag GmbH. München 1999

Melzer, Wolfgang: Prof. Dr., Hrsg: Schüler 1995: Gewaltlösungen. Erhard Friedrich Verlag. Seelze 1995

Menzel, Dagmar: Wir machen den „Füller-Führerschein". Grundschulmagazin 5/1998. Oldenbourg Schulbuchverlag GmbH. München 1998

Menzel, Dagmar: Streiten und Verzeihen. Grundschulmagazin 2/1999. Oldenbourg Verlag. München 1999

Metze, Wilfried: Differenzierung im Erstleseunterricht. Cornelsen Verlag. Frankfurt am Main 1995

Nicolas, Bärbel: Offener Unterricht zum Schulanfang. Cornelsen Verlag. Berlin 1997

Nitsch, Cornelia: Bloss nicht alles richtig machen. Rowohlt Taschenbuch Verlag. Reinbek 1998

Nitsch, Cornelia: Beide Hände reich ich dir... Die schönsten Familienrituale. Mosaik Verlag. München 1997

Oerter, Rolf: Rituale in der Grundschule. Praxis Schule 5 – 10. Westermann Verlag. München 8/1999

Ohly, Michaela: Richtig Lernen in der Grundschule. Bibliographisches Institut. Mannheim 2004

Ortner, Gerlinde: Märchen, die Kindern helfen. Deutscher Taschenbuch Verlag. München 1993

Petersen, Susanne: Vom eigenen Wörterbuch zum Schülerduden. Grundschulmagazin 11/1996. Oldenbourg Schulbuchverlag GmbH. München 1996

Petersen, Susanne: Rituale im Unterricht. Grundschulmagazin 7/8 1997. Oldenbourg Schulbuchverlag GmbH. München 1997

Piper/Hauke: Rituale fallen nicht vom Himmel. Anregungen für eine Mathematikwerkstatt. Praxis Grundschule 3/1997. Westermann Verlag. München 1997

Ressel, Hildegard: Rituale für den Alltag. Herder Verlag. Freiburg im Breisgau 1998

Ruf, Urs/Gallin, Peter: Dialogisches Lernen in Sprache und Mathematik. Band 2: Spuren legen – Spuren lesen. Kallmeyer'sche Verlagsbuchhandlung. Seelze-Velber 2. Aufl. 2003

Scherer-Neumann, G.: Das Vergessen einplanen. Grundschule Deutsch 10/2006. Kallmeyer bei Friedrich. Seelze-Velber 2006

Schulte, Stefan: Mit Stille in den Tag hinein. Grundschulmagazin 10/1999. Oldenbourg Schulbuchverlag GmbH. München 1999

Schultheis, Klaudia: Rituale als Lernhilfen. Grundschulmagazin 10/1998. Oldenbourg Schulbuchverlag GmbH. München 1998

Schuster-Brink, Carola: Regeln und Rituale im Kinderalltag. Ravensburger Buchverlag 1998

Schweizer, Christel/Prekop, Jirina: Was unsere Kinder unruhig macht...Georg Thieme Verlag. 1997

Spreng, Sonja: Hyperaktivität. Grundschulmagazin 2/1999. Oldenbourg Schulbuchverlag GmbH. München 1999

Steps, Manfred: When the music is over. Praxis Schule 5 – 10. Westermann Verlag. München 8/1999

Sundermann, Beate/Selter, Christoph: Beurteilen und Fördern im Mathematikunterricht. Cornelsen Scriptor Verlag. Berlin 2006

Ungerer, Tomi: Die drei Räuber. Diogenes Verlag o. J.

Urban, Angelika: Die Kunstkartei. Grundschulmagazin 2/2000. Oldenbourg Schulbuchverlag GmbH. München 2000

Valtin, Renate/Portmann, Rosemarie, Hrsg.: Gewalt und Aggression: Herausforderungen für die Grundschule. In: Beiträge zur Reform der Grundschule 95. Arbeitskreis Grundschule. Der Grundschulverband e.V. Frankfurt am Main 1995

Webersberger, Annette: „Mathematische Räume" im Klassenzimmer. Grundschulmagazin 11/1999. Oldenbourg Schulbuchverlag GmbH. München 1999

Weidner, Margit: Sozialziele-Katalog.

Weikert, Annegret: Rituale geben Kindern Halt. Südwest Verlag. München 1997

Wigger, Maria: Vom Erzählstein und Co. Praxis Schule 5 – 10. Westermann Verlag. München 8/1999

Wörle, Markus: Entspannung mit Musik. Grundschulmagazin 10/1998. Oldenbourg Schulbuchverlag GmbH. München 1998

Xylander, Ulrike: Fußmassage mit Kindern. Grundschulmagazin 10/1998. Oldenbourg Schulbuchverlag GmbH. München 1998